Łańcut

Wiedzę i umiejętności
jej przekazania –
                to nam dałaś.
Spróbujemy przekazać to
innym, wierząc że jesteśmy
Twoimi ramionami nad
„ kolebką" polskiego biznesu.

        Uczestnicy szkolenia
trenerów przedsiębiorczości

Perkowska Maria.

Supraśl 1991 - 09 - 27

Krzysztof Marcinkowski Jerzy Kossakowski Jarosław Świady
Sręjoko Press   Jarosław   Piotr Krzywicki
Emilia Wysocka-Cabaj   Olszewski Dariusz Sipiński
Stanisława Dziduch
Robert Barszcz   KRZYSZTOF CIOŁEK
Ireneusz Beja   Małgorzata Morawiec
Danuta Baćkowska   Maria Lichońska
Paweł Skalik.   Zygmunt BOGUS.
Kazimiera Płazek   Sierpiński Waldemar

Mariusz Wideryński

Łańcut

Scenariusz i wstęp Tomasz Jurasz

Krajowa Agencja Wydawnicza • Rzeszów

Opracowanie graficzne: *Stanisław Ożóg*

Redaktor: *Józef Ambrozowicz*

Redaktor techniczny: *Stanisław Małecki*

Korekta: *Krystyna Burlińska*

Tłumaczenia: PA Interpress *Katarzyna Górska-Łazarz* (j. ang.) *Ludwika Kasznicka* (j. ros.)

Aranżacja wnętrz i kompozycje kwiatowe
Kustosz — *Jadwiga Liszczak-Dziubowa*
Zdjęcia wykonano na filmach firmy Fuji aparatem Linhoff Technika

Krajowa Agencja Wydawnicza ● Rzeszów 1991
Wydanie pierwsze. Nakład: 15.000 egz.
Skład: Fotoskład KAW
Druk i oprawa: „ZRINSKI", Jugosławia
Nr prod. 13/87

ISBN 83-03-03320-4

Nie można rozpoczynać opisu historii zamku łańcuckiego omijając, usuwając w cień, w zapomnienie, dzieje miasta i jego dawną przeszłość. Byłoby to zagubieniem samej istoty. A więc, chociaż głównym tematem jest tu wielka rezydencja magnacka, a następnie jedno ze wspanialszych muzeów w naszym kraju, kilka faktów dotyczących dziejów miejscowości.

Opowieść należy rozpocząć od XIV wieku, kiedy to przy znanym szlaku handlowym, wiodącym z Zachodu, ze Śląska, Krakowa do Kijowa i jeszcze dalej na Wschód, powstała osada handlowa. Ten ośrodek, raczej o charakterze lokalnym, w drodze normalnego rozwoju historycznego przekształcił się w miasto. Niestety, nie zachował się akt nadania mu praw miejskich, natomiast na podstawie istniejących dokumentów można z całą pewnością stwierdzić, że Łańcut już w roku 1381 posiadał prawa miejskie nadane mu wcześniej przez Kazimierza Wielkiego. Właścicielem i miasta, i okolicznych ziem był znany możnowładca Otton z Pilczy, współpracownik króla, a następnie współorganizator polityczno-gospodarczy na tych ziemiach, bliski Władysławowi Opolczykowi, palatyn Ludwika Węgierskiego. Ten to książę piastowski, pan na Opolu, jak można domniemywać, sprowadził tu osadników ze Śląska i przyczynił się znacznie do rozwoju Łańcuta. Miasto, zgodnie z przyjętym w średniowieczu modelem, zostało zorganizowane wokół zbliżonego do kwadratu rynku. Na północ od miejskiego założenia znajdowała się siedziba Pileckich.

Jak wyglądał ten najstarszy w Łańcucie zamek? Trudno stwierdzić coś dokładnego. Po prostu nie zachowały się do naszych czasów ani budynki, ani jakiekolwiek przekazy ikonograficzne. Można jedynie domniemywać, na zasadzie analogii, że był to zameczek obronny otoczony wałem z palisadą. Być może wewnątrz fortyfikacji znajdowała się wieża obronna, murowana, tak zwana ostatecznej obrony.

Niestety, znamy tylko miejsce usytuowania dawnej siedziby Pileckich. Nie przeprowadzono tu dokładnych badań architektoniczno-archeologicznych, które by pozwoliły w sposób mniej lub bardziej prawdopodobny powiedzieć coś o jej kształcie, a także o zmianach w czasie licznych przecież przebudów w ciągu minionych wieków, bo od połowy XIV wieku aż po co najmniej koniec XVI stulecia. Jedno jest pewne, że siedziba ta znajdowała się na tzw. Łysej Górze, a więc w miejscu, gdzie obecnie wznoszą się budynki probostwa.

Jeżeli niezbyt wiele danych mamy o kształcie dawnego zameczku, to nieco lepiej przedstawiają się informacje historyczne dotyczące faktów, jakie tu się zdarzyły, i osób które tu przebywały, czy odwiedzały Łańcut w jego wczesnym okresie.

Zameczek był z pewnością ośrodkiem nie tylko władzy terytorialnej, centrum zarządzania dominium rycerskim Pileckich, lecz także ośrodkiem promieniowania kultury, wiedzy, obyczaju. Jest to tym pewniejsze, iż w XIV–XV stuleciu Pileccy herbu Topór zaliczali się do najznamienitszych rodów małopolskich, skoligaconych ze znacznymi rodzinami, ba, nawet z królewskim rodem Jagiellonów.

Tu, w Łańcucie, w roku 1410, spotkał się król Władysław Jagiełło z wielkim księciem litewskim Witoldem, aby, jak się sądzi, ostatecznie omówić sprawy bliskiej już i zwycięskiej wojny z Zakonem Krzyżackim. Władysława Jagiełłę łączyły też z Łańcutem więzy pokrewieństwa, bowiem Jadwiga Pilecka była matką chrzestną króla, a w średniowieczu takie mistyczne związki były czymś niesłychanie ważnym. Było to pokrewieństwo w wierze, a więc w jakimś stopniu mocniejsze, trwalsze niż to zwykłe, ziemskie.

Osoba króla Jagiełły jeszcze raz połączyła się z Łańcutem. Starszy już władca po śmierci swej żony, Anny, zapałał miłością do córki Ottona z Pilczy – Elżbiety. Była to już niemłoda niewiasta, wdowa po trzech mężach – Wyszelu Czemborze, Jenczyku Hiczyńskim i Wincentym Granowskim, kasztelanie i staroście nakielskim.

Jak pisze Bartosz Paprocki, autor doskonałego dzieła ,,Herby rycerstwa polskiego" z 1584 r.: ,,[...] Helżbieta, córka jego [Ottona] była za Granowskim; ta potem będąc wdową, dla pięknej urody, acz w leciech podeszła, szła za Jagiełłę króla polskiego". Ślub odbył się w Sanoku w 1417 roku. W kraju wybuchł skandal. Zarzucano królowi, że popełnił grzech najcięższy, bo żeniąc się z Elżbietą, naruszył najtrwalsze więzy rodzinne, te mistyczne. Grożono mu klątwą, dwór obawiał się wręcz otwartego buntu. Jednak tak pierwszy z Jagiellonów, Władysław, jak i ostatni, August, widać w sprawach własnych uczuć, własnego serca, byli twardzi. Nie ulegali, a siłą przeprowadzali swoją wolę i koronowali swe małżonki.

Naturalnie zarzutów naruszenia kanonów wiary, które skierowano przeciw Jagielle, nie należy traktować jednoznacznie. Za oburzeniem, paszkwilami, nawet obrzydliwymi insynuacjami kryła się normalna zawiść. Inne możne rody po prostu nie mogły zgodzić się, aby Pileccy zostali aż tak znacznie wywyższeni, aby stanęli tak blisko źródła wszelkich łask i dobrodziejstw. Jaką moc jednak miały takie zarzuty? Król musiał uzyskać na soborze w Konstancji zgodę na zawarcie tego związku.

Niezbyt przychylny Jagielle nasz historyk Jan Długosz, autor „Dziejów Polski ksiąg XII" zapisał, że kiedy orszak królewski podążał z Poznania do Środy, w czasie olbrzymiej burzy piorun uderzył w pobliżu, zabił kilka koni, poraził króla, którego szaty potem śmierdziały siarką. „Znak pomsty gniewu Bożego przydarzył się królowi Władysławowi nie z innego powodu, jak dlatego, że nie wstydził się pojąć za żonę rodzonej – z racji pokrewieństwa duchowego – siostry Elżbiety Granowskiej".

Trudna i zawikłana historia została rozwiązana w sposób naturalny. Mając około pięćdziesięciu lat królowa w roku 1420 zmarła. Król pojął za żonę Sońkę – Zofię Holszańską. Tak zakończył się pierwszy łańcucki epizod królewski.

Pileccy długo jeszcze władali miastem i okolicznymi ziemiami. Musiały też i w ich rodowej siedzibie następować kolejne, zgodne z duchem czasu zmiany. Wraz z mijającymi latami zmieniały się obyczaje, zmieniała się architektura, stosunki społeczne. Po twardych, nawet bezwzględnych czasach średniowiecza, nastąpił renesans – humanistyczne spojrzenie na świat. Dobra Pileckich, ich siedzibę, odwiedzali możni tego świata, a więc i sam król Zygmunt III Stary, liczni znani dostojnicy koronni. Wreszcie jednak, w roku 1578, syn Krzysztofa Pileckiego, też Krzysztof, zapisał dobra łańcuckie swej żonie, Annie Siemieńskiej, a ta zamieniła majątki ze Stanisławem Stadnickim, herbu Szreniawa.

Od tego roku aż po 1629 Łańcut stał się miejscem o dość ponurym rozgłosie, złej renomie. O jego właścicielu Stanisławie Stadnickim, a potem o jego synach mówiło się w całej Koronie, a poczynania nowego pana na Łańcucie były straszne, przerażały wszystkich. Opowieści o nim były tematem rozmów, informacji, narzekań, nawet trwogi. Nie bez kozery! Już za swego życia Stanisław Stadnicki otrzymał niezbyt przychylne miano Diabła Łańcuckiego, a potem jego synów mianowano Diablętami. Bo też był to dziwny, bezwzględny człowiek. Czyż można jego sylwetkę psychiczną, tak jak i jego potomków naszkicować zaledwie kilkoma przymiotnikami? Próżny trud. Byli oni po prostu najostrzej zarysowanymi przedstawicielami swych czasów, a co ważniejsze, swej klasy. Do takich zaliczał się też, np. Samuel Łaszcz, który swą delię kazał podbić wyrokami sądowymi, nakazami banicji, kpiąc w ten sposób z króla, sądów, sprawiedliwości. Takim też był i Stadnicki.

Lata, w których żył i działał, to lata pozornie dość spokojne: czasy późnego renesansu w sztuce, w polityce pozornie łatwe, lecz pełne napięć. Już zaczynają się wyprawy na Moskwę, te pana Mniszcha i Maryny, żony dwóch aż Samozwańców, a potem walki z Moskwą o koronę, której przecież nie mógł Władysław IV nałożyć na własną głowę, i walki o koronę szwedzką. Lecz poza ruchami na podolskich i ukraińskich rubieżach, w kraju panuje jaki taki spokój. Zboża sypią dobrze, szkuty płyną do Gdańska przywożąc złoto, sprzęty, tkaniny. Ludność rośnie, bogaci się, rozwijają się miasta. No i rozkwita osławiona wolność szlachecka, dumne hasło, które w wiek później zmieni się w paskudny i nieprawdziwy slogan: „Szlachcic na zagrodzie równy wojewodzie" i zacznie święcić swe tryumfy. Lecz jeszcze oręż koronny błyszczy na polach Kirchholmu (1605), pod Kłuszyną (1610), a przecież rozpoczyna się jakże niepokojący wszystkich mądrych Polaków rokosz Zebrzydowskiego, w którym to, nawiasem można wspomnieć, Stanisław Stadnicki bierze udział.

Stadniccy herbu Szreniawa pisali się ze Żmigrodu. Była to rodzina bardzo zamożna, dzierżąca liczne tytuły i dobra, sięgająca prawie magnackich wyżyn. Wraz z rozbudzeniem się i rozkwitem reformacji przyjęli konfesję Kalwina. Postać właściciela Łańcuta, Stanisława Stadnickiego (ur. ok. 1551 r.) starosty zygwulskiego, w swym ogólnym zarysie, w pieniactwie, w burdzie, walczeniu „prawem i lewem", jak to doskonale określił Władysław Łoziński w swym dziele pod takim właśnie tytułem, rzuca cień na te ziemie i to przez kilka dziesięcioleci. To już nie rozpasany wolnością szlachecką człowiek, to degenerat, złoczyńca. Ze swego miasteczka utworzył obóz warowny i bił na prawo i lewo, walczył z Korniaktami, Ligęzami, Ostrogską, z innymi sąsiadami, a już prawie „normalną", prywatną wojnę prowadził z Łukaszem Opalińskim, sąsiadem z Leżajska.

W jednym ze swych licznych protestów składanych do akt grodzkich, w tym przypadku lubelskich, tak pisał: „Ja Stanisław Stadnicki ze Żmigrodu a na Łańcucie starosta zygwulski – tobie Konstanty Korniakt oznajmuję to, że czyniąc dosyć prawu pospolitemu posyłam ci odpowiedź [...]: iż ty nie umiejąc uważać sobie stan zacny szlachecki polski, ważyłeś się tego, targnąć na honor mój przeto się mnie strzeż na wszelakich miejscach: chodząc, śpiąc, jedząc, pijąc, w domu, w drodze, w kościele, w łaźni, bo się tej krzywdy na tobie mścić będę i da Bóg na gardle twym usiędę. Dan w Lublinie, die vigesima mai 1605". To tylko drobny fragment jego działalności. Pali, niszczy, rabuje, aż wreszcie kozak księżnej Ostrogskiej, gdzieś pod Tarnawą kładzie kres temu życiu. Dzieje się to w roku 1610. Pozostają synowie, czterech potomków równie zaciekłych, drapieżnych. Oni też po kolei idą albo na hak lub giną w prywatnych wojnach.

Okres, kiedy właścicielami byli ostatni Pileccy, a potem Stadniccy, jest bardzo istotny dla dziejów zamku. Istotny, lecz i dość trudny do jednoznacznego określenia. Oczywiście, był stary zamek, ten na obecnym Wzgórzu Plebańskim, ale, o czym wiemy z różnych, co prawda niezbyt jasnych zapisów, prawdopodobnie na terenie dzisiejszego zamku znajdowała się wieża strażnicza.

System sygnalizacji, ostrzegania, przekazywania informacji za pomocą wież oddalonych od siebie i posiadających łączność wzrokową (w dzień sygnały dymne, w nocy ogniowe) znany był od bardzo dawna. Otóż takie właśnie wieże ciągnęły się od Rzeszowa aż po Przemyśl. Były to bądź wieże kościelne, bądź też samodzielne budynki wzniesione na najwyżej położonych punktach. Wiemy, że w Łańcucie znajdowała się wieża na ratuszu, lecz najwyższym punktem w tym mieście było wzniesienie na terenie obecnego zamku, już poza murami miejskimi. Jak wykazały pomiary i badania architektoniczne, jedna z wież zamkowych, ta z zegarem, południowo--zachodnia, ma nieco inny kształt, odbiega swym planem, rzutem od pozostałych trzech. Istnieje hipoteza, że właśnie ta wieża była najpierw obiektem wolno stojącym, z której w drodze kolejnych przebudów, dobudów rozwinął się zamek. W zapiskach protestacyjnych, jakie w czasach walk Stadnickiego z sąsiadami składano, zachowała się notatka, iż wbrew woli Korniakta, Stadnicki w jego kamieniołomach łupie kamień. Nie mogła to być jakaś doraźna akcja, jednorazowa. Musiał Diabeł więcej budulca zabierać bezprawnie. Stąd protest. Do czego miały jednak służyć te kamienie? Znów nie wiadomo, lecz można przecież przyjąć, że z tych materiałów, z cegły wytwarzanej w Łańcucie, Stadnicki wzniósł przy wieży budynek mieszkalny. W aktach, do których nieraz jeszcze będziemy wracali, zachowała się informacja o dworze, w którym mieszkał on, a potem jego rodzina. Czy to tu, przy wieży, domniemany dwór Stadnickich (a może jeszcze Pileckich, bo i tej hipotezy nie można wykluczyć) był prostokątnym budynkiem, dostawionym od północy do wieży strażniczej?

To nie koniec tajemnic łańcuckiej rezydencji. Co prawda – wyprzedzając tok zdarzeń – na tablicy erekcyjnej zamku zbudowanego przez następnego właściciela, Stanisława Lubomirskiego, istnieje dumny napis, iż został on wzniesiony w latach 1629–1641. Jednak budynek zamkowy, jego kształt mówią co innego. Wykazały to badania. Jak można domniemywać, już za czasów Stadnickich w tym samym miejscu stanął zamek założony na planie podkowy, zwrócony frontem – bramą wjazdową na południe. Skrzydło przeciwległe, północne było najbardziej reprezentacyjne, piętrowe.

Kiedy obiekt wzniesiono? Najprawdopodobniej w pierwszej ćwierci XVII wieku, przypuszczalnie w latach 1610–1620. Jeżeli tak, to naturalnie za czasów „panowania" braci Stadnickich.

Podsumujmy na koniec te wszystkie niewiadome, po to, aby obraz był bardziej przybliżony prawdzie.

W końcu XVI wieku wznosi się tu wieża strażnicza. Następnie Stadniccy dobudowują doń mieszkalny dwór. Potem, jeszcze raz, w dość krótkim okresie, bo kilkunastoletnim, wznoszą kasztel składający się z trzech skrzydeł i muru kurtynowego od południa. Na pewno była przy zamku wieża. Czy tylko jedna? Znów na zasadzie analogii z innymi budowlami obronnymi można przyjąć roboczą hipotezę, że chyba tak. Dlaczego? Trzy pozostałe wieże mają inny kształt, inny plan. Całość musiała być, zgodnie z przyjętym systemem, otoczona wałami obronnymi z częstokołem na koronie, z fosami, z pewnością suchymi.

Istotną cezurą w dziejach zamku jest rok 1629, kiedy to dobra łańcuckie przeszły na własność Stanisława Lubomirskiego. Aby być dokładnym, trzeba stwierdzić, że dobra te przejął częściowo za długi zaciągnięte przez Stadnickiego na prowadzenie magnackiej prywatnej wojny, na zajazdy, napady, a także, co może być kiedyś udowodnione, na budowę zamku, jeszcze nie w tym kształcie, jak obecny. Wszystko to jednak tylko hipotezy. Bez dokładnych badań architektonicznych, archiwalnych, trudno ustalić cokolwiek jednoznacznie. Pozostaje istotnym i sprawdzalnym fakt: w 1629 roku dobra łańcuckie przechodzą na własność Lubomirskich i w ręku tej przebogatej rodziny pozostaną aż do roku 1817, kiedy przejmą je Potoccy.

Lubomirskim zamek zawdzięcza najwięcej. Oni przyczynili się do świetności rezydencji, do jej upiększenia, a przede wszystkim do ukształtowania przestrzennego.

Nieco o tym rodzie. Wywodzili się z Lubomierza, niedaleko Bochni w Małopolsce. Jeszcze w XVI wieku nie była to rodzina bogata, raczej średniozamożna. Sebastian Lubomirski (ur. ok. 1546 – zm. 1613) ojciec Stanisława, twórcy świetności Łańcuta, był średniozamożnym szlachcicem. Jego dobra obejmowały zaledwie 4 wsie i działy na dwóch wioskach. To wszystko. Od tego zaczynał. Był jednak zręcznym dyplomatą, mądrym człowiekiem, a także, co było podówczas akceptowane i przyjęte, nie stronił od przyjmowania korzyści. Brał królewskie nadania, dzierżawy, starostwa, a nawet wyprawiał się na Słowację, aby tam łupić dobra innych. Wszystko dla lubego grosza. Studiował jednak w Lipsku, otarł się o dwór, był sekretarzem bp. Padniewskiego, zarządcą majątku klarysek w Staniątkach pod Krakowem. Miał przed sobą przyszłość. No i nadarzyła się okazja! W roku 1581, dzięki ofiarowaniu królowi Stefanowi Batoremu wyższych sum dzierżawnych za saliny wielickie niż inni kontrahenci, otrzymał tytuł żupnika wielickiego. Z początku piastował go wraz z Jackiem Młodziejewskim, ale po pewnym czasie już samodzielnie, pozbywszy się wspólnika.

Źródła historyczne, dokumenty, nie są łaskawe dla gospodarki pana Sebastiana. Prowadził eksploatację rabunkową, zwalczał jakąkolwiek konkurencję bezwzględnie. Procesował się ze wszystkimi – znów ten motyw drapieżności jak u Stadnickich. Zdobywał pieniądze i obracał nimi. Był wierzycielem okrutnym, nie mającym łaski dla dłużników. Pożyczał królowi, senatorom, dworzanom. Wśród jego klientów znajdowali się przedstawiciele najbardziej dostojnych rodów Korony i Litwy, jak Myszkowscy, Oleśniccy, Zborowscy, Zebrzydowscy, a nawet współczłonkowie rodowi, Lubomirscy. Wszyscy płacili wysokie procenty, a jak nie starczało pieniędzy, przejmował ich dobra, ziemie. Kupował też grunty, scalał je. Był właścicielem Woli Justowskiej pod Krakowem. W roku 1593 zakupił dobra Kmitów, a potem Barzich, z zamkiem w Wiśniczu, i już mógł się pisać panem na Wiśniczu. W roku 1605, kiedy dzielił swe dobra pomiędzy synów, miał 80 wsi. No i liczne tytuły. Był burgrabią krakowskim, starostą dobczyckim, sądeckim, spiskim, kasztelanem małogoskim, potem bieckim, wojnickim, otrzymał też tytuł hrabiego na Wiśniczu, nadany mu przez cesarza Rudolfa II.

Jego pierwszą żoną była Anna Pieniążkówna, której posag wynosił 4000 florenów, a po jej bezpotomnej śmierci pojął Annę z Ruszczy Branicką.

Można chyba postawić pytanie, dlaczego mówimy tyle o człowieku w sposób bezpośredni nie związanym z Łańcutem. Można też stwierdzić, iż podany obraz pana Sebastiana Lubomirskiego nie jest zbyt czysty, łagodny. Nie chodzi tu o obrzydzanie, obrzucanie błotem „królewiąt", a tylko o zarysowanie faktów. Niemoralność w zdobywaniu zaszczytów, pieniędzy, stanowisk jest tak stara jak ludzkość, chodzi w tym wypadku o pokazanie, że byliśmy w owym siedemnastym wieku takimi samymi, jak inne narody, że fortuny wówczas wyrastały na drożdżach, a że te drożdże były nieco zepsute, to już inna sprawa. Takie same procesy odbywały się w tym samym czasie we Francji i w Moskwie. Po prostu chodzi o to, aby pokazać, że panowie na Łańcucie nie są czymś incydentalnym, tylko polskim, jedynym. Tak toczył się światek. Co prawda, właśnie do fortuny Lubomirskich przylgnęło porzekadło włożone w usta Stefana Czarnieckiego: „Jam nie z roli, ani z soli, tylko z tego co mnie boli". Tak, oczywiście, z tym zastrzeżeniem, że inne fortuny – Radziwiłłów, Paców, Wiśniowieckich, Zasławskich, Ostrogskich, Potockich, Sapiehów – rosły też z dnia na dzień. Czyż to jednak nie jest w pewnych formacjach społecznych normalne? Trzeba zapomnieć o tych krzywdach, niesprawiedliwościach, jakie musiały dziać się w salinach wielickich, po prostu zapomnieć, bo gdyby do nich nie dorwał się Lubomirski, to byłby ktoś inny, może bezwzględniejszy. Słabość leżała nie w możliwości zdobycia pieniędzy, zaszczytów, a w złym ich chronieniu, w braku egzekucji, w słabości władzy królewskiej, prawnej.

Można też tu przywołać pewien paradoks. Gdyby nie było wielkich rodów, tej nieprzyzwoitej aż komasacji pieniędzy, to cóż pozostałoby po tamtych czasach? Kultury, sztuki nie tworzy się z równego podziału dochodu. Popatrzmy na mapę kulturalną świata, na komasację centrów kultury, z których korzystamy dla własnego rozwoju, na muzea pełne doskonałych dzieł, to przecież, rzecz oczywista, wysiłek tysięcy, setek tysięcy ludzi żyjących czasami w niedostatku, nawet w biedzie, ale i o tym trzeba wyraźnie powiedzieć, osiągnięcie myśli ludzkiej. Paradoks? Tak, oczywiście, lecz jak od niego odejść, jak ominąć?

Zanim zajmiemy się dziejami zamku, jego rozbudową, warto przybliżyć postać pierwszego z Lubomirskich, pana na Łańcucie. Był nim Stanisław Lubomirski (1583–1649) syn kasztelana wojnickiego Sebastiana i Anny z Branickich. Pierwsze nauki pobierał z pewnością w domu, to znaczy na wiśnickim zamku, lecz już w 1594 roku rodzice wysłali go na nauki do Monachium, potem jeszcze raz peregrynował do Włoch, na studia do Padwy. Kiedy wyrósł z dzieciństwa, zaczęły nań sypać się tytuły, zaszczyty: starosty sądeckiego, potem krajczego koronnego, podczaszego koronnego, wreszcie w 1628 roku wojewody ruskiego, a w 1638 roku wojewody i starosty generalnego krakowskiego.

Na pewno jego wielką zasługą w dziejach zmagania się z potęgą turecką w 1621 r. był fakt, że po śmierci Karola Chodkiewicza, jako regimentarius, przetrzymał oblężenie Chocimia i doprowadził do zawarcia korzystnego traktatu. A że był dumnym, pełną gębą magnatem? To inna sprawa. Miał ku temu powody. Tak było wówczas w całej Europie. Cesarz Fryderyk III nadał mu tytuł księcia cesarstwa. Krył się z tą dostojnością, nie afiszował. Stan szlachecki nie miał prawa przyjmować obcych tytułów. Szlachcic miał być równy każdemu herbowemu. Po schedach rodzinnych, ojcowskich, matczynych był nieskończenie bogaty. Zacytujmy tu fragment książki pt. ,,Podróże młodego magnata do szkół" autorstwa Władysława Czaplickiego i Józefa Długosza: ,,U podstaw tego samopoczucia wojewody leżała naturalnie świadomość, że nie tylko wystarcza sam sobie, ale mało ma w Rzeczypospolitej równych. [...] Nie było w Polsce siły, której Lubomirski by się obawiał. Uderzające jest, że ten wychowanek jezuitów, jeszcze za panowania Zygmunta III, za którego ojcowie cieszyli się przemożnym wpływem na dworze, odważył się z księciem Zbarskim walczyć z potężnym zakonem. [...] Zapatrzony w wolnościowy, jakże wygodny dla niego, ustrój Rzeczypospolitej uważał pan wojewoda króla za pierwszego między równymi. W razie potrzeby mógł go uroczyście podejmować w swoim Wiśniczu, obdarowywać tak hojnie, by poczuł, że gościł u niego".

W roku 1642, zanim dokonał podziału dóbr pomiędzy synów, był właścicielem 293 wsi, ciągnących się na przestrzeni kilku województw, od krakowskiego aż po kijowskie. Według jego własnego oświadczenia, dochody roczne wynosiły 600 000 złp., sumę na owe czasy bajeczną, wielokrotnie nieraz przekraczającą zasoby skarbu Korony. Jedynie srebra Lubomirskiego, nakrycia, dzbany, kielichy, półmiski, misy, konwie i tak dalej ważyły około 3000 grzywien. Przyjmując wagę grzywny ówczesnej na około 183 gramów, ogólny ciężar kosztowności wynosił ponad 500 kg.

Jedną z pasji wojewody było budownictwo. Posiadane olbrzymie środki służyły mu do tej, jakże chwalebnej pasji. Wznosił siedziby rodowe, przebudował i znacznie rozbudował zamek w Wiśniczu, wzniósł zamki w Rzemieniu, Połonnem, rozbudował w Lubomli, Zatorze i Nowym Sączu. No i naturalnie w Łańcucie. Nie szczędził też złota na kościoły. Zgodnie z duchem kontrreformacji, jako prawowierny katolik, dbał o swe wieczne życie i o wielkość chwały Boga. Z jego to fundacji wzniesiono świątynie w Wiśniczu, kościół i klasztor w Podolińcu, klasztor Karmelitów Bosych w Krakowie i obronno-klasztorne założenie Karmelitów Bosych w Wiśniczu, obiekt o ogromnej skali, pełniący nie tylko rolę ośrodka wiary, lecz i, co ważne, będący istotnym elementem obronnym, sprzężonym z wiśnickim zamkiem. Na jego dworze pracowali znani architekci, jak Maciej Trapola, jego następca Bartłomiej, ozdabianiem wnętrz zajmował się jeden z doskonalszych w naszym kraju sztukator i rzeźbiarz, Włoch z pochodzenia, Giovani Battista Falconi, malarze z Niderlandczykiem Ingermannem i Stanisławem Kosteckim. Był też znanym melomanem, utrzymującym na swym dworze liczną kapelę.

Ze szkodą dla Łańcuta trzeba powiedzieć, że jego ukochaną siedzibą był Wiśnicz, zamek-pałac wspaniale zdobiony, wyposażony, broniony przez liczne oddziały wojska, artylerii, doskonały system fortyfikacyjny. Jego dwór, na miarę udzielnego księcia, był też liczny. Miał marszałka, pisarzy pokojowych, sześćdziesiąt sług rękodajnych, przeszło dwudziestu pokojowców pochodzenia szlacheckiego, a osoby pana pilnowało dwustu dragonów i czterystu piechoty węgierskiej. No i przy dworze, trzymając się pańskiej klamki, bytowały, szukały kariery, bądź też, chociażby skromnego, codziennego życia całe tłumy szlachty, dalekich krewnych, krewnych tych krewnych, przyjaciół.

Nad portalem wiodącym do zamkowej sieni w Łańcucie zachował się ozdobny kartusz z łacińskim napisem, który w tłumaczeniu brzmi następująco:

,,Stanisław hrabia na Wiśniczu Lubomirski wojewoda, starosta generalny krakowski, zatorski, spiski, niepołomicki, naczelny wódz wojsk królestwa przeciw Osmanowi cesarzowi Turków i Dzianubet Gorejowi chanowi Tatarów, aby odpocznienie zgotować siłom swoim, staraniem o dobra publiczne, a także wojnami, inflancką, moskiewską, pruską, scytyjską, turecką, wreszcie samym wiekiem steranych, budowlę tę wzniósł i ozdobił. Ażeby zaś pożytkowi wspólnemu mógł służyć, twierdzę dołączył Roku Chrystusowego 1641".

Lubomirscy w posiadanie Łańcuta weszli w latach dwudziestych XVII wieku. Byli oni spokrewnieni ze Stadnickimi, pisali się tym samym herbem – Szreniawą. A że pan wojewoda też umiał dbać o własne dochody, zabezpieczać swe wpływy, więc też i pożyczał Diabłowi i Diablętom znaczne sumy. Wiadomo, że w 1626 roku połowa dóbr łańcuckich przeszła w jego ręce. W 1629 r. w Bieczu podpisano ugodę, mocą której obciążeni długami, już prawie rozgromieni Stadniccy przekazali dobra w ręce pana wojewody, biorąc jednocześnie niebagatelną sumę 250 000 złp. w gotowiźnie. Ugoda została zawarta i Lubomirski mógł się już pisać obok innych tytułów, także panem na Łańcucie i okolicznych wsiach, a więc Głuchowie, Soninie, Krzemienicy, Czarnej, Kołkach, Dąbrówce, Rudzie i kilku innych.

W napisie fundacyjnym zwróćmy uwagę na dwa stwierdzenia: „budowę tę wzniósł" i „twierdzę dołączył".

Z pierwszym stwierdzeniem, jak już wiemy, są pewne kłopoty. Czy na pewno zamek wzniósł Lubomirski? Czy nie istniał już zamek Stadnickich o trzech skrzydłach, z wieżą? Pozostawmy jednak te pytania do rozstrzygnięcia nauce. Wróćmy do faktów. Otóż nie podlegają dyskusji daty: 1629 – objęcia dóbr przez Lubomirskiego, 1641 – na kartuszu nadbramnym, i 1642 na belce w sali „pod stropem". W tym to czasie powstał obecny zamek w swym generalnym kształcie. Jest to duży czteroskrzydłowy budynek z dziedzińcem pośrodku. Na jego narożach wznoszą się cztery wieże typu puntone, już przystosowane do użycia broni palnej, ze strzelnicami. Jedna z nich została odkryta na parterze od strony przybudowanej później biblioteki.

Pośrodku głównej fasady umieszczono wspaniały portal zamknięty łukiem, boniowany, a nad nim – zgodnie z przyjętym zwyczajem – znalazła się tablica fundacyjna i tarcza herbowa. Portal wiedzie do sieni o krzyżowym sklepieniu wspartym na mocnym filarze. Z sieni wchodzi się do korytarza i starą, jeszcze siedemnastowieczną klatką schodową dostajemy się na piętro – piano nobile, gdzie znajdowały się reprezentacyjne pomieszczenia, a więc sale przyjęć, komnaty pana, pani, rodziny. W zasadzie można stwierdzić, że ten dawny barokowy układ wnętrz zachował się, mimo późniejszych, znacznych przebudów. Jednak nieliczne wnętrza, i to niecałe, przetrwały w dawnej formie. Są to: pokój „pod stropem" ozdobiony modrzewiowymi belkami, barwnie malowany w jakże typowe dla okresu manieryzmu ornamenty. Na jednej z belek widnieje herb Lubomirskiego i data 1642; drugim w części zachowanym wczesnobarokowym wnętrzem jest komnata w wieży północno-zachodniej. Zachowało się tu stiukowe sklepienie o bardzo dekoracyjnym ornamencie i przedstawieniach malarskich znaków zodiaku. Jest to dzieło znamienitego sztukatora Falconiego z około 1641 r. Na parterze mieściły się pomieszczenia gospodarcze, kuchnie, składy. Komin dawnej kuchni, olbrzymi, w którym można było piec dużą tuszę wołową, dotrwał i istnieje obecnie wtopiony w stare mury.

Jak wyglądały fasady zamku, jak były zdobione, artykułowane gzymsami, pilastrami, tego nie wiemy. Zmieniły je późniejsze przebudowy. Dachy były dwuspadowe dachówkowe, no i całość jakby spinały cztery wieże o barokowych hełmach. Tyle o samym zamku, o jego najstarszej formie.

Drugi cytat z tablicy fundacyjnej „twierdzę dołączył" wymaga szerszego wyjaśnienia.

Dawne zamki gotyckie, jako typ budowli obronnej, już w XVI, a przede wszystkim w XVII wieku straciły swe militarne znaczenie. Wysokie mury, wieże, baszty nie mogły wytrzymać mocnego ognia artyleryjskiego. Trzeba też było na ogień artyleryjski odpowiadać tą samą siłą, należało więc wewnątrz murów umieszczać armaty, a to wymagało odpowiednich zmian konstrukcyjnych, budowlanych. Tak zaczęła się zmieniać architektura obronna. Oto najlapidarniej mówiąc, przyczyny wiodące do powstania nowożytnego systemu fortyfikacyjnego. Zaczęło się to we Włoszech, jeszcze w XVI w. Tam powstał prototyp. Zamek składał się, czy raczej był broniony, przez długą kurtynę-mur, flankowaną po bokach basztami o przysadzistych kształtach, przeważnie założonymi na planie pięcioboku – puntone, takimi, jakie są w łańcuckim zamku. Na początku XVII w. w Niderlandach objętych ogniem wojny z Hiszpanią wyłonił się nowy system fortyfikacyjny. W tym wypadku mury zostały zastąpione wałami ziemnymi; nie

trzeba więc było ponosić olbrzymich kosztów na wznoszenie kamiennych lub ceglanych murów-
-kurtyn, i co ważne, elastyczna ziemia przyjmowała pociski artyleryjskie nie ulegając rozkru-
szeniu.

Oczywiście to wielki skrót, informacja zaledwie szczątkowa, lecz już nas wprowadzająca
w istotę sprawy. Taki system budowy fortec przetrwał aż do XIX w. Taki też został użyty
w Łańcucie. A więc podstawowy element obronny składał się z kurtyny i bastionu. Całe założenie wpisano w pięciobok. Bastiony były oddalone od siebie na celny strzał z muszkietu, tak że
można było razić wroga bezpośrednio już atakującego. Przed bastionami i kurtynami znajdowała się fosa, czasami napełniona wodą, czy – jak w wypadku Łańcuta – sucha. Nad murem
oddzielającym fosę były wysokie, kilkumetrowe nasypy. Niewielkie fragmenty tych wałów
zachowały się w części północno-wschodniej łańcuckich fortyfikacji. Poza fosą znajdował się
jeszcze jeden pierścień wałów, między nimi wiodła droga dla obrońców. Ten bardzo dobrze
przemyślany system obrony powstawał w ciągu XVII w., a jednym z jego twórców był prawdopodobnie Krzysztof Miroszewski. Naturalnie, aby odtworzyć cały istniejący kiedyś system,
należy powołać wyobraźnię. Na przykład jest rzeczą zupełnie oczywistą, że od strony miasta,
a przede wszystkim od pól, nie było żadnych zabudowań, zarośli, drzew. Należy pamiętać, że tu,
gdzie dziś rosną ogromne dwustuletnie lipy, wznosiły się wały fortyfikacji, do zamku wiodła
brama, a przed nią, na fosie, był drewniany most, łatwy do zniszczenia, rozebrania w razie
najazdu wroga. Część tego mostu była zwodzona. Na wałach stały armaty – było ich ponoć aż
osiemdziesiąt, a na bastionie północno-zachodnim wznosił się arsenał. Musiała też być studnia,
no i duże zapasy żywności i broni. Pośrodku pięciobocznego założenia wznosił się zamek. Taki
typ rozwiązania nazywamy ,,palazzo in fortezza".

Stąd też, kiedy nastały ciężkie czasy dla kraju, kiedy po wojnach kozackich żelazna nawała
doskonałego wojska szwedzkiego, najsilniejszej, najsprawniejszej armii w ówczesnej Europie,
runęła na Polskę, Łańcut mógł być dużą przeszkodą w marszu szwedzkiego króla. Na szczęście
główne siły Karola Gustawa nie dotarły tutaj. Zamek nie musiał korzystać ze swej siły. Jak by
było z tą obroną, trudno powiedzieć, może jak inne zamki zostałby poddany, a potem zrabo-
wany, spalony, wysadzony w powietrze. Właściciel Łańcuta, Jerzy Sebastian Lubomirski
(1616–1667), o czym wiemy z sienkiewiczowskiego ,,Potopu", został wierny Koronie, wytrwał
przy królu, co mu się chwali.

Natomiast w roku 1657 zaatakował Łańcut książę siedmiogrodzki, Jerzy II Rakoczy, spalił,
splądrował miasteczko, zamku jednak nie dotknął. Była to twierdza za mocna na jego siły.
Natomiast, kiedy Lubomirski zaatakował Siedmiogród i ogniem i mieczem karał najeźdźcę,
Rakoczy podjął kroki pojednawcze z Koroną. Ugodę przeprowadzono, a na łańcuckim zamku,
jako zakładnicy wykonania zobowiązań pieniężnych, zatrzymani zostali dwaj magnaci – Stefan
Apaffi i Jerzy Gyeroffi. Jak zapisał pamiętnikarz Jan Chryzostom Pasek: ,,którzy zrazu wino
pili, na srebrze jadali w Łańcucie; jak widać nie było okupu, pijali wodę, potem drwa do kuchni
rąbali i nosili, i w tej nędzy żywot skończyli".

Nie tylko bitewne dzieje, trwogi, walki były udziałem zamku. Dla przeciwieństwa marsowym
dziejom warto zacytować dokument dość ciekawy, bo dotyczący życia dworskiego. W roku
1661 odbył się tu ślub Krystyny Lubomirskiej z Feliksem Kazimierzem Potockim. Wesele opisał
podstoli żytomierski w książeczce o jakże typowym dla baroku długim, zawiłym tytule: ,,Dwór,
wspaniałość, powaga i rządy Jaśnie Oświeconego Księcia Imci Państwa Rzymskiego, świętej
pamięci JW. Jegomości Pana Stanisława Hrabi na Wiśniczu i Jarosławiu Lubomirskiego,
wojewody krakowskiego etc. etc.":

,,Na wjazd tych Ich Mościów do zamku łańcuckiego, który był w piątek, z dział dwunastu
na wał wytoczonych dano ognia dwakroć, to jest 24 razy. Na powrót z kościoła do zamku
tychże Jaśnie Wielmożnych Ich Mościów dano ognia razy 24. Za zdrowie Króla Jegomości, gdy

wypijano, dano ognia 24 razy. Na zdrowie rycerstwa wszystkiego, gdy wypijano, dano ognia 24 razy. W paradzie piechoty cudzoziemskiej we dnie i nocy stało 1200. Po wałach piechoty węgierskiej stało we dnie i nocy 600. Piechoty do noszenia potraw było 600. Zbudowano circum circa około pałacu pokojów z tarcic dla pułkowników 40. Posłów z upominkami, tak cudzoziemskich, jak i panów możnych z rycerstwa obojga narodów, które przez trzy dni, a drudzy prywatnie oddawali – było 1500. [...] Jaki rozchód był na tym weselu, który był w mojej dyspozycji, snadnie się domyślić może każdy z liczby kucharzów, których było siedemdziesięciu pięciu, a tych zwożono z różnych miejsc – z Warszawy, Krakowa i Lwowa. Kuchen wielkich było cztery i kuchmistrzów czterech. Z osobna pasztetników sześciu, cukierników czterech, Francuzów, którzy na miejscu, w Łańcucie, cukry do wetów robili, które kosztowały dobrej monety dwadzieścia tysięcy". To było wesele. Lecz trzeba jeszcze podać informację podstawową. Ileż zjedzono, ile wypito?

„Na same stoły rozchód masz takowy: wołów karmnych 60, cieląt 300, baranów 500, kapłonów karmnych 3000, kapłonów dwornych 3000, kur prostych 8000, kurcząt par 1500, gołębi par 150, indyków młodych 1500, indyków starych 500, kaczek swoiskich 1500, gęsi karmnych 500, wieprzów karmnych 30, prosiąt 120". Dalej występuje spis zwierzyny, a w nim 24 jelenie, 300 zajęcy, dzików 4 itd. Dzikie ptactwo liczyło się na tysiące, korzenie, jakże ważne do przypraw – jadano podówczas korzennie, pieprznie – też w gargantuicznych ilościach. A że w czasie obchodów weselnych wypadały posty, więc: „Ryby na wtorek, bo był post: szczuk głownych 100, szczuk podgłownych 100, łokietnic (a więc dużych szczupaków) 200, półmiskowych 300, karpi ćwików 100, misnych 200, półmisnych 500" i tak dalej, i tak dalej, a więc i karasi i łososi, i raków, a do tego wypito wina węgierskiego beczek 270, wina włoskiego, białego i czerwonego lad 6".

Z grona Lubomirskich, dziedziców na Łańcucie, należy wymienić jednego ze znaczniejszych, bo zasłużonego nie tyle orężem, co myślą, słowem, piórem. Był nim Stanisław Herakliusz, syn Jerzego Sebastiana i Konstancji Ligęzianki, urodzony około 1642 r. Pomijając jego tytuły, a więc nawet marszałka wielkiego koronnego, był znacznym politykiem, statystą w okresie panowania i Wiśniowieckiego, i Jana III Sobieskiego. Przede wszystkim był jednak poetą, moralistą, autorem jakże znanych i znaczących w owym czasie pism o charakterze moralizatorskim, był polskim pisarzem wyraźnie dążącym do wyprowadzenia ówczesnej naszej literatury z opłotków prowincjonalizmu, złączenia jej z wielkim ruchem umysłowym, jaki już wówczas obejmował całą zachodnią Europę. Pamiętajmy, że były to czasy Pascala, Leibnitza, Moliera, Racina.

Herakliusz Lubomirski z pewnością zajął się restauracją zniszczonego po pożarze w 1688 r. łańcuckiego zamku. On to, być może, sprowadził tu znanego architekta Tylmana z Gameren, artystę na poziomie europejskim, naturalizowanego Polaka, nawet nobilitowanego, ożenionego z Polką, twórcę dzieł stanowiących chlubę naszego baroku. Można też domniemywać, na podstawie analizy stylistycznej, że to z czasów Stanisława Herakliusza zachowała się na najwyższej kondygnacji wieży północno-zachodniej malowana na drewnie kwiatowa dekoracja, w pomieszczeniu jakby stworzonym do samotnych rozważań, i być może, że to właśnie tu barokowy moralista i poeta skreślił przypisywane mu zdanie, jakby dodane do „Myśli o wieczności": „Żyłem źle, żyłem dobrze, dałem przykład z siebie. To sztuka: zażyć życia, a przecież być w niebie". Ileż w tym zdaniu skruchy, ale i ile pańskiej dumy.

Był też Stanisław Herakliusz, jak jego przodkowie, zapalonym budowniczym. On to przecież kazał wznieść słynne warszawskie Łazienki, nie te, które możemy oglądać, skreowane z estetyki i uczuć króla Stanisława Augusta Poniatowskiego. Realizacja Lubomirskiego tkwi jednak, jakby obudowana, we wnętrzu tego cacka architektury Oświecenia. Zmarł w Warszawie w 1702 r. i tam został pochowany w kościele oo. Bernardynów na Czerniakowie, w kościele, jednym z najlepszych dzieł Tylmana z Gameren.

W taki to sposób na przestrzeni siedemnastego wieku, dzięki kilku pokoleniom Lubomirskich, na wschód od rynku łańcuckiego powstał jeden ze wspanialszych zamków w ówczesnej Polsce, silny swymi fortyfikacjami, zdobny w dzieła sztuki. Prawdziwa pańska siedziba.

Już z kronikarskiego obowiązku należy zanotować, iż to właśnie w Łańcucie została zawarta konfederacja w 1704 r. popierająca starania Sasa o tron polski.

Wiek XVIII to czasy najbardziej brzemienne w nieszczęścia dla państwa, narodu. Z silnej zjednoczonej Rzeczypospolitej za czasów Jagiellonów, z groźnej jeszcze Wazowskiej, w początkach XVIII wieku kraj nasz stał się poligonem, po którym maszerowały obce wojska. Dwaj królowie i ich adherenci, wojska Rosji i Szwecji, szarpały kraj, dzieliły go, zubożały. I tak było aż do połowy XVIII w.

Łańcuta nie omijały nieszczęścia, grabieże – dotyczy to przede wszystkim miasta. Kiedy w roku 1732 umiera August II Sas, to właśnie właściciel Łańcuta, Teodor Lubomirski, przejęty swą dumą rodową, staje jako jeden z kandydatów do korony Piastów, bo hasło Piasta na tronie było trwałe aż do upadku Rzeczypospolitej.

Postać to dość interesująca, jakaś kontrowersyjna. Pan z panów żeni się nagle, z pewnością z miłości, z krakowską mieszczką Elżbietą Cuming, byłą żoną kupca. W walkach o władzę przechodzi z jednego obozu do drugiego, jest bezwzględny, jakby w typie renesansowego kondotiera, tak bezwzględny, szczególnie w ściąganiu kontrybucji z miast, że cierpiąca ludność nadała mu miano „księcia piekielnych ciemności". Nic też dziwnego, że marzy, ba, nawet sięga po koronę, która wydaje się już być tak bliska jego ręki. Historia dokonała innego wyboru. Królem został syn Augusta II, znany u nas August III Sas, ten, co to z pałacu Saskiego w Warszawie strzelał z okna do psów, specjalnie mu przez sługusów tu sprowadzanych. Nieco później oddziały Wilhelma Miera, w 1733 r. zaatakowały i zdobyły zamek w Łańcucie.

Druga połowa XVIII w., czasy Oświecenia, lecz i ostatecznego upadku Rzeczypospolitej, czasy wynalazków, wielkich podróży, zabaw i balów, ale także rewolucji, i tej Wielkiej Francuskiej, i tej naszej, swojskiej, wywołanej pod innymi trochę, nie tylko społecznymi hasłami – Insurekcji Kościuszkowskiej, to też czasy dla kształtu architektonicznego Łańcuta niesłychanie doniosłe. Z dwojga ostatnich właścicieli z rodziny Lubomirskich, Stanisława Lubomirskiego i jego małżonki Elżbiety z Czartoryskich, ta ostatnia stworzyła z ufortyfikowanego siedemnastowiecznego zamku pałacową rezydencję, w duchu i rokokowym, i klasycystycznym, no i już romantycznym. To ona, dzięki swej fortunie, wiedzy, smakowi i pełnemu zaangażowaniu się, stworzyła tu ośrodek modny podówczas i na jakże wysokim poziomie.

Aby scharakteryzować, chociażby pokrótce, ostatnich z Lubomirskich, kilka słów o nich. Stanisław Lubomirski (1720–1783) był synem wojewody czernichowskiego Józefa i Teresy z Mniszchów. W odpowiednim czasie związał swe losy z wzrastającą w siłę rodziną Czartoryskich, stał się członkiem przepotężnej, wydawać by się mogło, Familii i z tamtego domu wziął sobie żonę – córkę Augusta Czartoryskiego, wojewody ruskiego (1736–1816). Trzeba od razu powiedzieć, że Stanisław Lubomirski chyba niezbyt zajmował się Łańcutem, nic dziwnego, miał przecież na swojej głowie sporo ważnych spraw. Był marszałkiem wielkim koronnym, mieszkał w zasadzie w Warszawie, i jemu to stolica zawdzięcza bardzo dużo, m.in. uporządkowanie ulic, otoczenie miasta wałami w czasie zagrożenia zarazą, i wiele innych, bardzo dorzecznych poczynań. Nie miał więc też i zbyt dużo czasu, aby przebywać w jednej ze swych rezydencji tak bardzo oddalonej od Warszawy, od jej życia, od intryg, plotek, zabaw, od loży masońskiej, której był wielkim mistrzem, od wyjazdów zagranicznych. Wraz z żoną objeździli całą prawie Europę, będąc przyjmowani w najświetniejszych salonach, w komnatach królów.

Lecz właśnie dla rezydencji łańcuckiej osobą niezwykle zasłużoną była Elżbieta Lubomirska, która po śmierci męża, objąwszy jego dobra w spadku, stała się niesłychanie bogatą damą, bowiem władała 14 miastami oraz 340 wsiami w woj. mazowieckim, krakowskim, sandomierskim, ruskim, wołyńskim i podolskim. Postać to niesłychanie interesująca, jakże typowa dla epoki rokoka, dla tego okresu w dziejach Europy, kiedy szlachetne towarzystwo bawiło się, flirtowało, nawet libertynizowało, bo libertynizm, w jakimś stopniu, obowiązywał w tamtym towarzystwie.

Chyba trochę zgubiliśmy niektóre informacje o naszych możnych. Jeżeli tak często i tak długo przebywali w środowisku paryskich libertynów, więc też i ten libertynizm, flagellomania czy inne tego typu ekscesy musiały w jakimś stopniu być przeniesione na nasz teren. Jeżeli znamy loże adeptek masonerii – Elżbieta była ich zapaloną zwolenniczką – to należy też przyjąć, iż i inne, mniej znane z zapisów, lecz nie mniej ciekawe i ekscytujące spotkania musiały wraz z fryzurami, frakami i tabakierkami trafić do naszego kraju, a jeżeli trafiły, to przecież musiały co najmniej otrzeć się o tak znamienite dwory, jak Lubomirskich czy Czartoryskich, kilkoro innych pań i panów, jak Potockich, Radziwiłłów.

Elżbieta, osoba o bardzo wysokiej inteligencji, została wydana za mąż z polecenia rodziców, tak jak nakazywał rozsądek i tak jak działo się podówczas wszędzie i nikogo to nie dziwiło. Stanisław Lubomirski był od niej starszy o szesnaście lat, co też było normalne, a ona, cóż? Trudno powiedzieć coś dokładnego o jej życiu intymnym, wewnętrznym. Na pewno, jak wiemy z zapisów, ojciec jej, August, kochał swą córkę uczuciem niezupełnie ojcowskim. Ona zaś, młoda dziewczyna, uwielbiała Stanisława Antoniego Poniatowskiego, też wówczas członka Familii, wywyższonego później z rozkazu carycy Katarzyny II na tron polski. Wówczas to zmienił swe drugie imię, Antoni, na brzmiące bardziej rzymsko, na August. Czy miłość była obopólna, czy tylko jednostronna, czy była spełniona? To nie jest aż takie ważne. Wiadomo natomiast, iż po wstąpieniu Stanisława na tron, może zgadzając się z linią działania przyjętą przez Familię, a może wykorzystując jedynie tę polityczną płaszczyznę do własnych, bardziej osobistych celów, Elżbieta stała się najbardziej zagorzałą przeciwniczką króla, i pozostała już nią do końca.

Zachowane portrety Elżbiety Lubomirskiej, nazywanej od tytułu funkcji mężowskiej, Księżną Marszałkową, przedstawiają osobę może niezbyt piękną, ale o rysach żywych, ostrych, o inteligentnym spojrzeniu. Z zapisów wiemy, że była bardzo drobna, niewielkiego wzrostu, no i elegancka, na miarę swej olbrzymiej fortuny. Istniejące w Muzeum jej konterfekty pokazują ją w różnych etapach życia, i jako zalotną panią w orientalnym stroju (portret w „pokojach tureckich"), w zawoju muślinowym na głowie (w sypialni Księżny Marszałkowej) i nawet jako wiekową damę – żyła lat osiemdziesiąt. Jej olbrzymia fortuna mogła i na pewno przewróciłaby w głowie niejednemu z udzielnych książątek niemieckich.

Wzorem licznych krewnych i antenatów państwo Lubomirscy wyjeżdżali na zachód Europy, zwiedzając kolejno Austrię, Niemcy, Holandię, Francję. Tu dzięki stosunkom, pochodzeniu, weszli w krąg najdoskonalszego, międzynarodowego towarzystwa. Wśród salonów, sawantek, wśród fet, zabaw, balów, przyjęć, w rozmowach z najświetniejszymi umysłami epoki trwał wspaniały pobyt. Naturalnie, państwo Lubomirscy, a może przede wszystkim pani Lubomirska, interesowali się sztuką, kupowali dzieła malarzy, rzeźbiarzy, meblarzy-ebenistów, grafików, złotników. Kupowali do własnych zbiorów, dla upiększania własnych siedzib i chyba też trochę dlatego, że tak czynili inni wielcy tego świata. Snobizm? Tak, ale to był bardzo dobry, potrzebny snobizm.

Po śmierci męża w 1783 r. Księżna Marszałkowa wraz ze swymi bliskimi wyjechała ponownie do Paryża, tym razem już na dłużej, bo do czasów Wielkiej Rewolucji, kiedy to Paryż z rozkosznego buduaru zamienił się w coś przerażającego w oczach pani Lubomirskiej, w inferno, kiedy zginęła tu pod nożem gilotyny jej królewska przyjaciółka Maria Antonina, tylu jej utytułowanych przyjaciół. Świat nagle zmienił swe oblicze. Dlatego księżna przez Szwajcarię i Austrię w roku 1791 powróciła do kraju. Przybyła z nią cała gromada francuskich arystokratycznych emigrantów. W Łańcucie i w innych jej rezydencjach czekały przysłane wcześniej paki z obrazami, meblami, rzeźbami nabytymi w okresie podróży po Anglii, Francji, Włoszech, Austrii.

W kraju też nie było zbyt bezpiecznie, zgasła konfederacja barska, lecz już się szykuje Insurekcja – nawiasem można wspomnieć, iż Księżna Marszałkowa w roku 1792 podejmowała w Łańcucie Tadeusza Kościuszkę – część kraju zalały obce wojska, a detronizacja króla wisiała na włosku. Czy będąc tak inteligentną, znając wszystkich znacznych ludzi, nie tylko w kraju, lecz np. na dworze wiedeńskim, Księżna Marszałkowa nie była bardziej wtajemniczona w zawiłości polityki niż przeciętny szlachciura? Oczywiście. Przecież rozbiór Polski to nie była jakaś nadzwyczajna, nagła decyzja, akcja zaskakująca wszystkich. O tym musiano mówić, przewidywać, ba, nawet być pewnym. Zbliżał się tylko ostatni akt dramatu.

Otóż Elżbieta Lubomirska właśnie teraz za swe miejsce stałego pobytu wybiera Łańcut oraz, rzecz charakterystyczna, pałac w Wiedniu, kupiony na Mölkerbastei. Jest to wyrazem jej określenia sympatii. Nie pozostała w Warszawie, nie osiadła w żadnym miejscu, gdzie sięgała lub sięgać mogła władza cara. Dwór wiedeński, w pewnym sensie zbliżony do ukochanego Wersalu Ludwika XVI i Marii Antoniny, był w jej mniemaniu najbardziej przyjaznym, najbardziej godnym uznania. Oczywiście, sprawy gospodarcze nie były tu też bez znaczenia. Położenie Łańcuta, jakby w środku jej rozległych ziem, dawało możliwości właściwego zarządzania. O ziemię trzeba było dbać, doglądać, pilnować, aby dobrze rodziła. Pańskie oko konia tuczy, powiada stare przysłowie, a jak wiemy, Księżna Marszałkowa, owa rokokowa dama, przyjaciółka królowych, sawantek, filozofów była bardzo dobrą gospodynią, oszczędną, umiejącą liczyć pieniądze, naturalnie na miarę swej fortuny.

Część otoczenia księżnej po Wielkiej Rewolucji tworzyli arystokratyczni emigranci, tacy jak hrabia Prowansji – późniejszy król francuski Ludwik XVIII, książęta de Burbon, były spowiednik zgilotynowanej królowej – Ludwik de Sabran – lub przebywająca jakiś czas w Łańcucie znana pisarka, Germaine de Staël. Naturalnie obok gości zagranicznych przebywała tu cała socjeta, przedstawiciele znacznych rodów.

Lubomirska miała cztery córki i jednego przybranego syna – Henryka Lubomirskiego. Był to synek Ludwiki Lubomirskiej z Sosnowskich i Józefa Lubomirskiego. Ludwika Lubomirska, matka przepięknego w swej dziecięcej i chłopięcej urodzie Henryka, to nie kto inny jak Ludwika Sosnowska, w której tak bardzo kochał się Tadeusz Kościuszko i za zgodą panny miał nawet ją porwać, aby w ten sposób zniweczyć opór ojca dziewczyny. Wówczas to padły słowa, że synogarlice nie dla wróbli, a senatorska córka nie dla hołysza. Sosnowski zamknął pannę, oddalił nieproszonego konkurenta, ba, nawet, jak chcą nie sprawdzone wieści, Kościuszko został obity kijami przez fagasów pana, o czym w swoim wierszu wspomina nie byle kto, bo sam C. K. Norwid.

Wystarczyła jednak sama rekuza. Kościuszko wyjechał z kraju i dotarł do Stanów Zjednoczonych Ameryki Północnej, gdzie bił się o ich wolność, nawiązał cały szereg znamienitych znajomości, był nagradzany, honorowany, dekorowany i wreszcie jako generał major wrócił do kraju. Lecz panna Sosnowska była już po ślubie. Ponoć jednak wspominała swego niedoszłego i uwielbianego Tadeusza aż do śmierci.

Księżna Marszałkowa porwała prawie Ludwice to cudowne dziecko i jak z czymś niebywale pięknym jeździła po Europie, potem osiadła z nim w Łańcucie i Wiedniu, kazała Henryka portretować. To właśnie z jej polecenia powstała jedna z piękniejszych rzeźb, jakie wykonał Antonio Canova (1757–1822), rzymski rzeźbiarz klasycyzujący. W swym dziele przedstawił Henryka jako efeba-amora, jakby zatrzymanego w pięknym ruchu, z łukiem wspartym o ziemię. Rzeźba ta, na pewno jedno z doskonałych dzieł łańcuckich zbiorów, zdobi też jedno z piękniejszych pałacowych wnętrz, Salę Kolumnową, dzieło Szymona Bogumiła Zuga (1733–1807), artysty pracującego na łańcuckim dworze, lecz przede wszystkim architekta – twórcy wspaniałych dzieł w Warszawie, jak chociażby kościół ewangelicko-augsburski. Ile w tej miłości do Henryka Lubomirskiego było macierzyńskości, chęci posiadania syna, a ile samozadowolenia z tego, że miała przy sobie pięknego i utalentowanego najpierw dzieciaka, a potem młodzika i mło- dzieńca, dziś trudno zgadnąć. W każdym razie opiekowała się nim stale, chociaż i rodzice Henryka nie należeli do biednych, a potem drogą działów, zakupów weszła w posiadanie pobli- skich dóbr w Przeworsku i podarowała je, wraz z pałacem, swemu pupilkowi.

Kiedy przerażona sankiulotami pani Marszałkowa dotarła do swego spokojnego Łańcuta, zamek nie był w najlepszym stanie. Trwał w swych fortyfikacjach, otoczony wałami, być może zniszczony, zaniedbany, a na pewno niegodny, aby pomieścić ją i jej dwór. Wracała przecież ze świetności Wersalu, Hofburga, a znalazła się w starej fortecy. To dzięki jej decyzjom, jej finan- som, i co jest niesłychanie ważne, jej kulturze, inteligencji, zamek w Łańcucie stał się jedną z najświetniejszych w naszym kraju rezydencji, pańskim pałacem, ośrodkiem życia towarzy- skiego, gdzie kwitła kultura, rozwijał się teatr dworski, była stale, nie okazjonalnie uprawiana muzyka. Księżna Marszałkowa była prawdziwą melomanką, kochała muzykę, grała na klawi- kordzie, trzy razy w tygodniu urządzała koncerty, a jej nadwornym muzykiem był Marcello di Capua. Po niej też w zamku łańcuckim pozostały wspaniałe zbiory nut, z partyturą „Cyrulika Sewilskiego" Rossiniego, „La Serva Padrone" Paisiellego, zbiory mieszczące się obecnie w jednej z wież.

Stąd też rezydencja łańcucka musiała mieć właściwą oprawę. Rozpoczęto prace i przede wszystkim zniwelowano dawne wały forteczne, te dzieła siedemnastowiecznej fortyfikacji, splan- towano je, a na ich miejscu zasadzono aleje lipowe, skomponowane tak, aby na zakończeniu każdej perspektywy znalazło się drzewo. Wówczas przyszła pora na przebudowę pałacu. Pierwszy projekt architekta Hieronima Jędrzejewskiego nie zadowolił gustów Lubomirskiej. Wtedy w Łańcucie pojawiać się zaczęli coraz to wybitniejsi twórcy naszego Oświecenia. Tu pracowali artyści, którzy swymi dziełami upiększyli Warszawę, Puławy i inne miejscowości, ci, którzy pozostawili niezatarte piękno swego talentu w naszym krajobrazie historycznym. A były to nazwiska doprawdy najważniejsze: Szymon Bogumił Zug, który oprócz Sali Kolumnowej pra- cował przy kompozycji niektórych wnętrz na I piętrze, m.in. sypialni Księżnej Marszałkowej, o doskonałej w swej lekkości i finezji klasycyzującej dekoracji, Jan Chryzostom Kamsetzer (1753-1795), Jan Griesmeyer, a przede wszystkim Chrystian Piotr Aigner (1756-1841), archi- tekt, którego działalność chyba w sposób najdoskonalszy wpłynęła na wspaniałość łańcuckiej rezydencji. Jego projektu są i Oranżeria zbudowana przy pałacu od zachodu, i Zameczek Romantyczny, znajdujący się w parku, już dzieło w swej zewnętrznej formie romantyczne: z wieżą, pięknymi wnętrzami, klasycystyczna pergola, umieszczona na północno-zachodnim bastionie, na miejscu, gdzie niegdyś wznosił się budynek arsenału. No i we wnętrzach Zamku tak reprezentacyjne pomieszczenia pierwszego piętra, jak Sala Balowa, dzieło niespotykanie piękne, pełne klasycystycznego umiaru, elegancji, chyba najpiękniejsza sala balowa w naszym kraju, i znajdująca się poza nią Wielka Jadalnia, i dawny teatrzyk. Te czołowe dzieła naszej architektury przełomu XVIII-XIX w. charakteryzują się bardzo oszczędną, lecz jednak doskona- łą dekoracją stiukową, wykonaną przez jednego z najlepszych mistrzów w tym zawodzie - Fryderyka Baumana (1765-1845).

We wspaniałych wnętrzach znalazły się też komnaty zdobione zgodnie z ówczesną modą, a więc dwa niewielkie pokoiki - Apartament Chiński i urządzone jako muzeum pamiątek, Pokoje Tureckie oraz Galeria Rzeźby Antycznej. Zbiory zostały zakupione i sprowadzone przede wszystkim z Włoch. Umieszczono je w południowym korytarzu, a ściany pokrył poli- chromią Vincenzo Brenna (1745-1820), artysta włoskiego pochodzenia. Jego też pędzla są dekoracje w typie klasycyzującym w pomieszczeniach na parterze, zwanych pokojami Brenny, oraz na II piętrze. Nie sposób też, wymieniając działalność Księżny Marszałkowej, chociaż pokrótce nie wspomnieć o Gabinecie Rokokowym na I piętrze, zakupionym przez Księżnę w czasie jej podróży. Doskonała drewniana, złocona, polichromowana boazeria, finezja rokokowego ornamentu, stawia to dzieło na czołowym miejscu w klasyfikacji salonów. Trudno tu wymieniać olbrzymią listę artystów, których prace zdobią pałac, owych ebenistów-meblarzy, zegarmistrzów, złotników – wszystkie te dzieła tworzą niezapomnianą atmosferę łańcuckiego pałacu. Generalnie należy powiedzieć, że to właśnie działalność artystyczna Księżnej Marszałkowej wycisnęła niezapomniane i zachowane do dziś, mimo licznych przebudów i przeróbek, piętno.

Omawiając pokrótce dzieje rezydencji, nie można pominąć i tego ważnego elementu, jakim był park, a dokładnie określając dwa czy trzy parki. Jeden to istniejący do dziś park otaczający pałac, w zachodniej części zorganizowany przez lipowe aleje, do linii Zameczek Romantyczny-Powozownia. Wyżej był tak zwany Ogród na Górnym, tereny o charakterze gospodarczo-rekreacyjnym, z sadami, warzywniakami, ogrodami, nawet z zabudowaniami gospodarczymi, odwiedzany także przez właścicieli i ich gości. Lecz prawdziwy park znajdował się w zachodniej części obecnego miasta, „na Dolnym", gdzie teraz mieszczą się obiekty zajęte przez Zakłady Przemysłu Spirytusowego „Polmos". Trzeba wyjaśnić, decyzję o utworzeniu tam zakładów podjął II ordynat, tam były budynki gorzelni, likierni. Lecz wcześniej, za czasów Marszałkowej, znajdował się tam ogród-park o charakterystycznej regularnej kompozycji, z kanałami wodnymi, kwaterami drzew. Do ogrodów „na Dolnym" od zamku prowadziła aleja wysadzana drzewami. Z zamku jechały karety, pojazdy wiozące dostojne towarzystwo w oazę zieleni, do pawilonów, altan, na przejażdżki łódkami.

Jak już wiemy, Księżna Marszałkowa miała cztery córki. Jedną z nich, Julię, której piękny portret pędzla Lampiego możemy podziwiać w Sypialni Księżnej, wydała za Jana Potockiego (1761–1815). Ciekawa to postać, nietuzinkowa. Człowiek o ogromnej wiedzy, intelektualista, badacz Słowiańszczyzny – prekursor tej wiedzy, archeolog, podróżnik – zwiedził Egipt, Tunis, całą prawie Europę, dotarł w podróży do Chin aż do Mongolii, no i pisarz. Ponoć niezbyt dobrze znał ojczysty język, lecz to podówczas nie było czymś dziwnym. Większość naszej arystokracji posługiwała się francuskim, nawet w listach kalecząc niemiłościwie polszczyznę, o ile przyszła im chętka napisania jednego zdania w tym języku chłopów, szlachciurów, handlarzy i mieszczan. Indolencja językowa w niczym nie umniejsza wielkości Jana Potockiego. Cóż wreszcie dziwnego. Z językiem polskim zetknął się dopiero w 1785 r., kiedy ponownie przybył do kraju, dotychczas mieszkając we Francji. Jego rodzima mowa była nieporadna, pełna potknięć, lecz chcąc nadać jej jak najbardziej polski charakter, używał także chłopskiego powiedzenia „a juści", bawiąc tym ludzi, którzy dobrze znali rodzimy język. Jednak to on właśnie założył w Warszawie w 1788 r. „Drukarnię Wolną", w której wydawano bardzo postępowe, jak na owe czasy, dzieła. Gorszył natomiast część ówczesnej socjety, był na ustach gawiedzi ze względu na swe niezbyt moralne poczynania. Ponoć zalecał się do własnej teściowej, mówiono też o kazirodczych wręcz jego związkach.

Kiedy do Warszawy przybył J. P. Blanchard, aby i tu zaprezentować lot balonem 16 maja 1790 r., właśnie Jan Potocki był pierwszym pasażerem tych podniebnych atrakcji. Zjawił się ze swym sługą, Turkiem Ibrahimem i wzbił w powietrze ku trwodze i zachwytowi zebranych tłumów. Pan Potocki zniósł tę niebywałą podróż doskonale. Gorzej było jednak z jego lokajem. Pojawił się w śnieżnobiałych pantalonach, lecz kiedy opuszczał gondolę, ta część jego garderoby – jak zapisano – miała kolor kanarkowy.

Jan Potocki to dla nas przede wszystkim autor wspaniałej książki przygodowo-filozoficznej „Rękopisu znalezionego w Saragossie", dzieła niesłychanie nowatorskiego w ówczesnej europejskiej literaturze, bardzo interesujących dzienników z podróży oraz „Parad", modnych wtedy sztuk dworskich o charakterze krotochwilnym, lekkim, wywodzących się z włoskiej komedii dell'arte. ,,Parady" Jan Potocki napisał w 1792 r., w łańcuckim teatrze zostały po raz pierwszy odegrane przez wytworne towarzystwo. Egzemplarz sztuki, pięknie drukowany, naturalnie po francusku, można oglądać w łańcuckim teatrzyku.

Dręczony chorobą Jan Potocki odebrał sobie życie, a i w tym przypadku był oryginalny. Strzelił w głowę, nabijając pistolet kulką upiłowaną od cukiernicy.

Śmierć Księżnej Marszałkowej Elżbiety z Czartoryskich Lubomirskiej w 1816 r. zamyka okres władania dobrami łańcuckimi przez tę rodzinę, a rozpoczyna następny, Potockich, który trwał do 1944 r.

Julia i Jan Potoccy mieli dwóch synów – Alfreda i Artura. Oni to stali się z woli babki właścicielami rozległych dóbr, między innymi i łańcuckich. Przez jakiś czas gospodarzyli na włościach zgodnie i wspólnie, jednak w 1822 r. nastąpił podział dóbr. Starszy, Alfred Potocki, przejął całe ziemie łańcuckie, młodszy, Artur, został panem na krakowskich majątkach z siedzibą w Krzeszowicach.

Kilka słów o dziejach tego rodu. Pieczętowali się herbem Pilawa, czyli jak kiedyś pisano, półtrzecia krzyża na niebieskim tle. Ród swój wywodzili z miejscowości Potok pod Jędrzejowem. Pierwsza wzmianka w dokumentach o Pilawitach Potockich pochodzi z 1236 r. W ciągu wieków doszli do fortun, tytułów, znaczeń. Na przełomie XVI i XVII stulecia powstają dwie linie Potockich, różniące się nie tyle herbem, co jego barwą. Mamy do czynienia ze Złotą i Srebrną Pilawą. Srebrni Pilawici Potoccy zwali się linią hetmańską, a ich maksyma rodowa brzmiała: ,,Scutum oppenebat scutis", czyli: ,,Tarcza przeciwstawiała się tarczom". Oni to stali się najznaczniejszą, najbogatszą rodziną magnacką w XVIII i XIX stuleciu, z nich też wywodzi się linia łańcucka, ordynacka.

Znów trzeba wejść w zawiłości heraldyczno-rodowe. Znany z niechlubnych decyzji targowiczanin, sygnatariusz rozbioru Polski, Stanisław Szczęsny Potocki, był jedynie dalekim krewnym panów na Łańcucie. Ich wspólnym przodkiem był hetman wielki koronny, Stanisław ,,Rewera" Potocki (1579–1667), jego przydomek pochodzi od częstego używania porzekadła ,,re vero", co można z łaciny przewieść na ,,nieprawdaż". Nie bez przyczyny wyprowadzić należy aż tak dalekie koligacje, gdyż w ostanim rozdziale dziejów panów na Łańcucie trzeba będzie odwołać się do pokrewieństwa tych dwóch linii, a także na ekspiację rodową, do decyzji ostatnich rozbiorów kraju.

Tak już przy okazji, jako swego rodzaju sensację, można zdradzić tajemnicę, którą znają historycy, że łańcuccy Potoccy nigdy nie mieli prawa do tytułu hrabiowskiego, chociaż nim już od dość dawna szczodrze szafowali. Nikt im nigdy takiego tytułu nie dał. Na zasadzie swej pozycji towarzyskiej przypisali go sobie. Jak wiadomo, wcześniej, przed rozbiorami polskiej szlachcie nie wolno było używać obcych tytułów, wyjątek stanowili jedynie książęta litewscy i ruscy. Potem sejm koronny nadawał tytuły, np. książęcy rodzinie króla Stanisława Augusta Poniatowskiego, tytuły nadawały także obce dwory. Potoccy jednak nie mogą poszczycić się ani jednym dyplomem. Owszem, byli odznaczeni przez dwór wiedeński najznaczniejszym habsburskim orderem Złotego Runa, jednak tytułu hrabiowskiego, ci siedzący na Łańcucie, nigdy nie otrzymali. Cóż z tego? Używali go, pisali się hrabiami, a nawet na posadzce w holu zamkowym dotrwał mozaikowy herb Srebrnej Pilawy, którego tarczę wieńczy hełm rycerski z dziewięciopałkową koroną, taką, do jakiej noszenia mają prawo hrabiowie.

W roku 1830 Alfred Potocki ustanawia ordynację łańcucką. Zgodnie z zapisem prawnym, majątki wchodzące w skład ordynacji nie mogą być zastawiane, sprzedawane, dzielone, a w całości mają przechodzić na najstarszego syna ordynata – jest to tzw. majorat, albo na najstarszego członka rodu – czyli seniorat. Kobiety były wycofane z dziedziczenia ordynacji. Te prawne zabiegi miały na celu wzrost potęgi finansowej i ziemskiej wielkich rodów. Ordynacje szczególnie licznie powstawały w dawnym zaborze austriackim i pruskim. Pierwszym ordynatem łańcuckim został więc Alfred I Potocki (1786–1862). Zachowane niegdyś w łańcuckich zbiorach dwa jego portrety, jeden Józefa Brodowskiego, przedstawiający ordynata w jakimś prawie romantycznym ubraniu (wywieziony), drugi w mundurze huzara, tchną swobodą, naturalnością, nie ma w nich jeszcze żadnej sztuczności czy pozy.

Z jego życiorysu warto chyba wspomnieć, iż brał udział w kampanii napoleońskiej od 1809 r. i służył jako adiutant ks. Józefa Poniatowskiego, dotarł z wielką armią jako kapitan artylerii do Borodino, brał udział w tej wiekopomnej bitwie, potem w walce pod Czirikowem został ranny, dostał się do niewoli i był zesłany do Wiatki. Jednak dzięki staraniom rodziny i krewnych, żyjących w Petersburgu, w Rosji, i to osób dość wysoko stojących w rangach urzędniczych, wojskowych, udało się jakoś ułagodzić rozsierdzonego na Polskę i Polaków cara Aleksandra I i uzyskać dla młodego człowieka amnestię. Wrócił do Łańcuta, w 1814 r. ożenił się z Józefiną z Czartoryskich i w dalszym swym ziemiańskim życiu okazał się być bardzo dobrym gospodarzem. On to jako pierwszy na tych terenach zajął się właściwą hodowlą owiec, z czego śmiał się Zygmunt Krasicki, pisząc o Potockich wspierających się na swych iluś tam tysiącach merynosów, rymując to z zadzieraniem nosa. Zastosował w uprawie roli maszyny, niektóre nawet własnej produkcji, hodował owce, warzywa, otwierał i rozwijał zakłady przemysłowe, jak browary, gorzelnie, garbarnie, fabrykę likierów i rosolisów. Nie unikał też życia politycznego, był członkiem arystokracji chętnie widzianym na wiedeńskim dworze – kokietowanie polskiej magnaterii w pokongresowej Europie było uprawiane chętnie i bardzo skutecznie przez dwory rozbiorców, więc też i zjeżdżali do Łańcuta dostojni goście na polowania „par forse", wyścigi konne, bale, pikniki. A pałac łańcucki, przecież nie tak dawno jeszcze odrestaurowany przez Elżbietę Lubomirską, nie wymagał żadnych większych prac. Jednak to właśnie Alfredowi zamek zawdzięcza kilka bardzo istotnych dziś jeszcze elementów wystroju wnętrza, m.in. on kazał wykonać w salach wspaniałe posadzki. Projektował je w latach 1830–1834 Karol Chodziński, a wykonali mistrzowie nie byle jacy, stolarze z pobliskiej Kolbuszowej, miasteczka, gdzie od XVII w. kwitło meblarstwo, tworzono dzieła sztuki meblarskiej o bardzo wysokim poziomie, do dziś stanowiące ozdoby niejednej kolekcji. On też ufundował budynek ujeżdżalni w parku, wzniesiony w latach 1830–1834 według projektu arch. Ludwika Bogochwalskiego, ozdobiony pięknym fryzem z pełnoplastycznych łbów końskich.

Jego syn, Alfred II Potocki (1822–1889) zajmował się raczej polityką, przebywał we Wiedniu, w Krakowie, Lwowie. Był kolejno członkiem Izby Panów, posłem na Sejm Krajowy, ministrem rolnictwa, potem premierem gabinetu ministrów, a od 1875 r. przez prawie dziesięć lat Namiestnikiem Galicji. Jako polityk reprezentował kierunek konserwatywny. Bliskie kontakty z Wiedniem, z dworem cesarsko-królewskim pozwoliły mu na podejmowanie w łańcuckim pałacu arcyksięcia Rudolfa, a nawet najjaśniejszego pana Franciszka Józefa II.

Ażeby przybliżyć, jak wyglądało życie towarzyskie w Łańcucie, warto zacytować zapis dzienny z 31 października 1833 r. wyjęty z „Pamiętnika" niezastąpionego dokumentalisty życia Galicji w owym czasie – Franciszka Ksawerego Preka:

„Wyjechawszy od mego brata przyjechałem do Łańcuta, gdzie dawno także będąc, zastałem młodego Alfreda Potockiego, którego na rękach prawie nosiłem, i Adama, syna Artura, z matką tam będącego, już kawalera dorosłego. Wiele osób na polowanie angielskie tam zgromadzonych znalazłem. Księżnę Izę Sanguszko z ukontentowaniem spotkałem. Zawsze ładna, miła i uprzejma, wiele ze mną rozmawiała. Mówiła mi, iż przepędziła zeszłą zimę w Wiedniu z mężem i dziećmi. Oboje byli prezentowani u dworu. Ona zaś była parę razy zapraszana do stołu cesarzowej matki.

Powiadała mi również różne szczegóły o księciu Romanie, bracie jej męża, że zupełnie ogłuchł wskutek ran odebranych na głowę od Czerkiesów podczas swej niewoli w Rosji. Teraz pojechał na Konstantynopol, skąd ma przedsięwziąć pielgrzymkę do Jerozolimy.

W pałacu wiele odmian zrobiono, apartamenty przeistoczono, korytarze inaczej przeprowadzono. Sposób życia także modny, nie tak jak dawniej bywało. O dziesiątej rano wszyscy się zgromadzają na kawę lub herbatę, przy tym stół zastawiony fruktami, po czym każdy idzie na spacer lub do swego pokoju. O dwunastej znów się schodzą na śniadanie, gdzie dają parę półmisków mięsnych, bez nakrywania stołu, a o szóstej wieczór dają obiad i znów każdy odchodzi, gdzie mu się podoba, dopiero o dziewiątej kończą herbatą dzienną zabawę".

Potem pan Prek opisuje jedno z polowań czy raczej żart z polowania, gdyż łowczy, zamiast sfory puścić na lisa, wyrzucił z trzymanego worka psa z przytwierdzonym lisim ogonem. No i tak dalej relacjonuje:

„Kossak (chodzi tu o Juliusza Kossaka), młody człowiek z talentem, rodem z Tarnowskiego, zrobił bardzo doskonałą szkicę całego tego polowania. Profile myśliwych tak są podobne, że wszyscy spostrzegłszy ten talent wysoki, zrobili składkę na tego młodego, aby mógł za granicą wydoskonalić się w rysunku, którego mało się jeszcze uczył. Jak to czasem szczęście niespodziewanie się znajduje".

W pałacu czytano, rozmawiano, wystawiano sztuki teatralne, a także już zupełnie zapomniane żywe obrazy, zabawę polegającą na tym, że grono ludzi, towarzystwo, rodzina, zgromadzenie tworzyło pewne, z góry ustalone już kompozycje z osób, w tym towarzystwie będących, a odpowiednie do zamierzonego celu przebranych. Źródłem inspiracji takiej zabawy mogły być, np. znane obrazy – w łańcuckiej bibliotece zachowała się nawet fotografia takiego „żywego obrazu", dość wiernie przedstawiającego znany obraz Henryka Rodakowskiego „Wojna Kokosza". Do żywych obrazów mogły też inspirować baśnie, legendy, mity czy też okoliczności imienionowe, weselne.

Nam, ludziom współczesnym, przyzwyczajonym już nie tylko do fotografii lub kina, lecz poszukujących coraz do doskonalszych zjawisk optycznych, trudno pojąć, co tak atrakcyjnego widziano w tej zabawie. A przecież miała ona wielu, wielu zwolenników i to we wszytkich klasach społecznych, pochłaniała masę czasu, trudu, nawet kosztów, aby przez moment zebrani spektatorowie mogli zachwycać się „żywością" jakiegoś znanego dzieła, antycznego mitu.

Dwór Alfreda-ojca Potockiego, a przede wszystkim Alfreda-syna był w ówczesnej zabiedzonej Galicji czymś może nawet obcym, innym, wzorującym się, kierującym się ku świetności Hofburga. W gospodarce, w miastach panowała bieda, a w połowie wieku całą Galicją wstrząsnęła rabacja – to niespotykane w naszej historii mordowanie szlachty, skrewowane przez Austriaków, tu też coraz to budziły się ruchy niepodległościowo-patriotyczne. Tylko rezydencja łańcucka trwała w swej wielkości, dumie rodowej. Stąd też istniejący w „Pamiętnikach" J.I. Kraszewskiego zapis z dnia 28 kwietnia 1851 roku jest, można go nazwać, jednostronny, zbyt wyostrzony, lecz z pewnością oddający stosunek niektórych warstw galicyjskiego społeczeństwa do orientacji prohabsburskiej Potockich.

„Opowiadano mi – pisze Kraszewski – przygody wesela najbogatszej w kraju naszym dziedziczki, księżniczki Marii Sanguszkówny, córki Romana, za p. Alfreda Potockiego, syna Alfreda. Narzeczony, istny Niemiec, z nazwiskiem polskim tylko, nikomu się nie podobał bo, jak mówił hr. ...cki, jak może się Polak zniemczały komuś podobać (może najlepszy człowiek, ale do środka zajrzeć nie każdemu dano, a co po wierzchu, to widzi każdy). Pomimo wstrętu ojca do ślubu w poście, nie zważając na jego żądania, postanowiono obrzęd odbyć dnia 7, na św. Józefa. Raz w życiu ostatni ojcu nie dogodzić, dowodziło zimnego serca, jeśli nie czego więcej". I tak dalej w tonie na pewno niesprawiedliwym, lecz przecież zapis ten dokumentuje też ówczesne nastawienie Kraszewskiego, może nie tyle do Potockich, co do całej arystokracji coraz bardziej przyciąganej przez wiedeński dwór.

Następnym ordynatem, już trzecim, był Roman Potocki (1851-1915). On to, wraz z swą drugą żoną, Elżbietą z Radziwiłłów (1861-1950) podjął się zadania, jakże istotnego dla obecnego kształtu, założenia pałacowo-parkowego. Nie tylko przeprowadzili dokładny remont pałacu, rozszerzyli park, wznieśli nowe budynki, lecz także unowocześnili go, a więc niech będzie im chwała za to.

Elżbieta Potocka, przez grono swych najbliższych przyjaciół nazywana Betką, tak wyjaśnia powody podjęcia ogromnych prac, pisząc w swym ,,Pamiętniku":

,,Przez cztery lata od roku 1885 do 1889 mieszkaliśmy w Łańcucie z Rodzicami Romana. dużo wtedy podróżowaliśmy, byliśmy w Anglii, w różnych zamkach, na Węgrzech w Koszthely, u Kosteticzów, których zamek uchodził za najbardziej zbytkownie i nowocześnie urządzony i gdzie widzieliśmy urządzenia kąpielowe i wodociągowe założone przez firmę angielską Gramlick z Wiednia. Bywałam też często w Solcy u Larischów, których zamek przez nich zbudowany także był z ostatnim wyrazem komfortu w angielskim guście urządzony. Tam zawsze podziwiałam konie huntery, ładnie utrzymane siodła i wędzidła, a także polerowane srebra na stole i patrzyłam z upodobaniem na tace ze śniadaniem, które do pokoju przynosili, urządzenie biurek w gościnnych pokojach ze wszystkim, co potrzeba było. Tak sobie z Romanem, który w tym czasie zaczął na te szczegóły zwracać uwagę i nabierać gustu, robiliśmy plany na przyszłość i zaczął się w nas wyrabiać gust i zrozumienie. Pilnie zbieraliśmy różne adresy firm i sklepów i rozkładaliśmy w naszych głowach cały plan przerobienia Zamku w Łańcucie na nowożytną siedzibę [...]. W jesieni tegoż roku zaczęliśmy roboty w Zamku i naokoło niego. Robota była ogromna, bo trzeba było zaczynać od wszystkiego. Dachy i strychy były w opłakanym stanie, kominy waliły się, rynien nigdzie nie było, tylko ze smoków na dwóch głównych wieżach lała się woda, jak kaskada wprost na drogę i głowy ludzi".

Opis, jakże szczegółowy, można by było cytować dalej przekazując informacje o pracach zgodnie z zapisem inicjatorki, bo to właśnie Elżbieta z Radziwiłłów Potocka była tą osobą, która całej działalności nadawała ton i kierunek.

Jej mąż, Roman, był człowiekiem niezmiernie bogatym. W jego ręku pozostawały 104 majątki ziemskie o łącznej powierzchni około 50 tys. hektarów, kopalnie węgla, cegielnie, gorzelnie, wytwórnia rosolisów i likierów, stada, ogrody, pałace. Jak jego ojciec, brał udział w życiu politycznym, lecz już na znacznie mniejszą skalę; był co prawda posłem do Sejmu Krajowego, do Rady Państwa, członkiem dziedzicznym Izby Panów, lecz, jak można sądzić, raczej wolał życie wielkoświatowe, hodowlę koni, wyścigi, polowania, no i rzecz oczywista, był wciągnięty przez małżonkę w sprawy przebudowy rezydencji łańcuckiej, więc musiał i tym zadaniom poświęcać dużo czasu.

Pracami przy przebudowie kierowali dwaj dobrzy fachowcy, poleceni Potockim przez wiedeńskich Rotschildów, francuski architekt osiadły w Wiedniu – Armand Bauqué oraz rysownik, jak byśmy dziś powiedzieli, projektant wnętrz, Włoch z pochodzenia – Albert Pio.

Oni to projektowali, dokonywali zmian, przebudowywali, konsultując z gospodarzami wszelkie poczynania. Roboty przebiegały sprawnie, a jak pisze pani Potocka: ,,Mijali się robotnicy różnych języków i różnych krajów. Firma angielska Gramlick zakładała wodociągi i kąpielowe urządzenia, które prowadził zawodowiec Parmenter; robotnicy włoscy robili terezza, marmurowe podłogi i przestawiali kominki, cieśle i stolarze wiedeńscy pracowali na strychach przy belkowaniu, a stolarze robili boazerie w sali nad bramą, w salach zimowych, bibliotece i apartamencie galowym [...]. Sztukatorzy francuscy robili sztukaterie w galerii [...]. Tapicerzy przyjeżdżali z Wiednia Tepser i z Paryża Ducour". Także to było międzynarodowe zbiorowisko robotników, fachowców. Należy jednak sądzić, że i miejscowi robotnicy, może nawet wspaniali stolarze z Kolbuszowej, zostali najęci, może nie do tych najbardziej wyspecjalizowanych prac. Lecz tego w zapisie Elżbiety Potockiej nie ma.

W owym to czasie, mniej więcej w latach 1889–1912 zmieniono fasady zamku, przebudowano wnętrza, zachowując jednak te najwspanialsze, zabytkowe, pamiętające co najmniej czasy

Księżnej Marszałkowej, wzniesiono gospodarcze skrzydło od południa, z wieżą, którą w jakimś stopniu wzorowano na Kurzej Stopce na Wawelu, przebudowano i rozbudowano pawilon od północy mieszczący zbiory biblioteczne, ozdabiając jej wnętrze pięknym wystrojem tchnącym duchem angielskiej sztuki wiktoriańskiej.

Także dziełem Romanostwa Potockich jest przebudowa teatrzyku pałacowego. Prace te zostały wykonane przez firmę Ferdynanda Fellera i Hermana Helmera z Wiednia. Odtworzyli oni dawny dworski teatrzyk Księżnej Marszałkowej z końca XVIII w., podówczas obiekt wykonany bardzo prowizorycznie, powtarzając jego wnętrze w materiale trwalszym, jak stiuki, brązy, unowocześniając jednocześnie całe zaplecze z kanałem orkiestry, z maszynerią konieczną do wystawiania sztuk.

Trudno tu wymieniać listę prac, jakich dokonano w całym zespole pałacowym. Z tych najważniejszych, a przede wszystkim w owym czasie najbardziej nowoczesnych, to skanalizowanie obiektu, założenie wodociągów i istniejących do dziś łazienek, zelektryfikowanie (elektrownia znajdowała się poza pałacem), a nawet założenie telefonów. W ten sposób zamek w Łańcucie upodobnił się do innych rezydencji odwiedzanych przez Potockich, a na pewno był pierwszym pałacem w kraju, posiadającym takie urządzenia. Do tego dążyła Elżbieta Potocka i to osiągnęła.

Swój kształt również obecny park zawdzięcza tym pracom. Oczywiście, części najstarsze, jeszcze z czasów Lubomirskich czy następnych, pozostały, jednak to właśnie w tym okresie poszerzono go znacznie tworząc krajobrazowe kompozycje: na rozległych polanach pięknie wyprofilowane samotne, duże drzewa, aleje nastrojowe, jak słynna aleja bukowa, tak barwna jesienią, stawek z łabędziami. Tu też, na terenie parku, w obręb którego włączono i Zameczek Romantyczny, wzniesiono kilka budowli, a więc i Dom Zarządu Ogrodów, interesujący budynek, utrzymany w duchu angielskiej, dziewiętnastowiecznej architektury, w którym dziś mieści się Szkoła Muzyczna, i nie istniejącą już palmiarnię, i storczykarnię, w której hodowane obecnie orchidee, storczyki można spotkać we wszystkich znacznych kwiaciarniach kraju. Uporządkowano także otoczenie, zreperowano stare forteczne mury, a od strony miasta i drogi na stację kolejową wzniesiono dwie neobarokowe bramy zwieńczone herbem Pilawa. Bramy te zamykały duże, bardzo bogato zdobione kraty.

W taki to sposób powstał współczesny kształt łańcuckiej rezydencji.

Pisząc szkic o dziejach rezydencji łańcuckiej, o jej właścicielach, nie można pominąć jednego dość ważnego elementu, związanego od wieków z istnieniem zamku. Należy coś powiedzieć o koniach, a dokładniej o pomieszczeniach, w których one były trzymane. Koń bowiem przez wieki był nie tylko stworzeniem gospodarczo i militarnie niezbędnym, lecz także ozdobą, dumą właścicieli, ozdobą czasami bardzo kosztowną. Stąd też powstało staropolskie porzekadło: „Koń go zjadł". Koszt bowiem utrzymania stadniny nieraz przekraczał możliwości właściciela. Nie groził jednak ten upadek możnym Lubomirskim lub Potockim.

Pierwsze stajnie, wozownie musiały znajdować się w obrębie fortyfikacji. Następnie, za czasów Księżnej Marszałkowej, wzniesiono odpowiednie budynki, które, znacznie przebudowane, pozostały do dziś na terenie Zespołu Szkół Mechanizacji Rolnictwa. Roman Potocki był doskonałym znawcą koni, kochał te zwierzęta, prowadził bardzo dobrze postawioną stadninę, brał udział w życiu Towarzystw Hipicznych, stawiał swoje bieguny na wyścigach. Nic też dziwnego, że i na dużą inwestycję wzniesienia nowych stajni znalazły się w czasach remontu odpowiednie fundusze. Nowe, wspaniałe stajnie i powozownia zostały zbudowane według projektu Armanda Bauqué na południe od pałacu. Jest to zespół jedyny w skali naszego kraju. Budynek Stajni Cugowych wzniesiono w stylu neobaroku francuskiego. W ich wnętrzach zachowało się tyle z atmosfery z tamtych dawnych, minionych czasów. Stoi tu stara przepiękna kareta „berlina", niegdyś własność hrabiego Szembeka, którą prawdopodobnie będąc jego gościem, nieraz jeździł po Warszawie Fryderyk Chopin, jest też i Wielka Paradna Szorownia, w której wśród bogatej uprzęży, licznych grafik, obrazów, po przejażdżkach odpoczywali dostojni goście, w której też urzędował sam pan koniuszy. W prawym korytarzu zachowały się boksy dla koni wierzchowych, jakże czyste, jasne, porządne, wyłożone częściowo płytami z marmuru.

Za Stajniami Cugowymi wznosi się budynek Powozowni, zbudowany dziesięć lat później. Tu właśnie ostatni Potoccy zgromadzili kolekcję pojazdów konnych. Na obu stronach wielkiej hali zaprzęgowej, wyłożonej częściowo drewnianą kostką, znajdują się dwa pomieszczenia. W ,,żółtej powozowni" stoją breki myśliwskie, pojazdy spacerowe, w drugiej, ,,czarnej", karety, landa, pojazdy wspaniałe, używane w podniosłych uroczystościach, w czasach, kiedy łańcucką rezydencję odwiedzali najdostojniejsi goście, królowie, książęta, prezydenci, ministrowie. Ściany wielkiej hali zaprzęgowej zdobią trofea myśliwskie, a przede wszystkim te, które ostatni Potocki zdobył na afrykańskim safari, wyprawie, jaką odbył ze swymi przyjaciółmi, a która kosztowała krocie.

Jeszcze trzeba wspomnieć Alfreda Antoniego Potockiego (1886–1958), ostatniego ordynata na Łańcucie, ostatniego i z woli historii, i braku progenitury. Jakże jednak określić jego rolę w dziejach rezydencji? Czy mając możliwość dokonania wyboru, wybrał właściwą drogę, wywożąc zgromadzone tu od lat dzieła? A może inaczej należy postawić pytanie? A czy miał jakąkolwiek możliwość wyboru? Przecież, powiedzmy to od razu, nawet nie można było spodziewać się, że postąpi inaczej, że ostatni z ordynatów będzie czekał z radością na wkroczenie oddziałów Armii Czerwonej. Otworzy im bramy pałacu. To nonsens. Wychowanie, pozycja społeczna, tradycje, konserwatyzm były zupełnie przeciwne temu, co się zbliżało, co zapowiadało już inną erę, inne czasy. Uciekł, bo musiał uciekać. Zabrał 600 skrzyń rzeczy najcenniejszych, bo takie zabiera każdy, kto ucieka. Więc też i określenie tego czynu, jego klasyfikacja jest trudna. Korzystał przecież z pomocy okupanta, który przez całe lata wojny niszczył polską gospodarkę, kulturę, naród. Przechylenie oceny w jakąkolwiek stronę, jej klasyfikowanie jest trudne, nigdy nie może być obiektywne.

Natomiast inną sprawą jest roztrwonienie tego dobra, rozprzedanie na zagranicznych aukcjach, i to po to, aby żyć jak żył niegdyś, na poziomie udzielnego królewięcia, chociaż już nie było żadnych dochodów.

Przecież, jeżeli już snujemy takie domniemania, mógłby co najmniej zachować wywiezione łańcuckie dobra narodowej kultury, mógł żyć dość dostatnio, sprzedając jedynie niektóre, pośledniejsze dzieła, a z pozostałych utworzyć fundację, oddać, zabezpieczyć dla potomności, dla narodu. Dywagacje? Oczywiście, lecz ten jego postępek, jak zresztą i kilka innych, kładą cień na tę postać.

Był synem arystokraty, studiował w Anglii, we Wiedniu, Lwowie, a potem, po roku 1915 osiadł w rodowym Łańcucie, tworząc w swej rezydencji ośrodek życia towarzyskiego międzynarodowych sfer arystokracji, plutokracji. Bywali tu i koronowani władcy, i magnaci, potentaci finansowi i politycy. Lista, gdyby ją napisać, byłaby długa. Wyliczmy chociażby niektórych, a więc i prezydent Ignacy Mościcki, minister Józef Bek, i królowa rumuńska, i książę Kentu z małżonką, i minister Rzeszy Ribbentrop. Łańcut bowiem w okresie międzywojennym pełnił, dzięki bogactwu i gościnności Potockiego, swego rodzaju rolę rezydencji rządowej.

Potocki był człowiekiem bogatym, nawet starał się unowocześnić swą gospodarkę, zmechanizować ją, poprawić tak, aby dawała zyski. Jednak te dążenia nie przynosiły wyraźnego efektu. Chyba przez cały ten łańcucki okres, spędzony na podróżach, w gościnach u swych znamienitych przyjaciół, dochody Alfreda Potockiego, jak sam to wspomina, nie były zrównoważone. Jego dochody jednak np. w 1937 r. przekraczały sumę 250 000 dolarów rocznie – sumę w owym czasie naprawdę ogromną, a jednak ciągle był oplątany długami.

A na łańcuckiej wsi nie było dobrze, czego wyrazem były wybuchające coraz strajki: ,,cukrowy", ,,buraczany" lub w roku 1933 wielki ,,marsz na Łańcut" 12 tysięcy chłopów, żądających poprawy swego bytu codziennego, marsz, rozgoniony brutalnie przez policję. Więc też trzeba wiedzieć, że rezydencja łańcucka nie była tylko oazą ciszy, wytworności. Burza już huczała wokół niej.

W 1921 roku umiera w Paryżu Mikołaj Potocki, potomek Szczęsnego Potockiego, syn Władysława, panów na Tulczynie. Finansista, magnat, który swymi bogactwami zadziwiał cały Paryż końca XIX wieku. Przekazał on swój majątek ruchomy i ziemski, konta, akcje właśnie Alfredowi Potockiemu. Była to decyzja podówczas trochę niezrozumiała, zaskakująca. Dlaczego Mikołaj Potocki jako swego spadkobiercę wybrał Alfreda? Byli bliżsi krewni, bardziej im się należała ta ogromna scheda, wywodząca swe początki z dobrobytu polskiego magnata, który jako jeden z głównych sygnatariuszy podpisał ostateczny rozbiór Polski. Dlaczego tak się stało? Można jedynie domyślać się powodów tej decyzji. Niestety, nikt nie dotarł do testamentu, który w swych kodycylach na pewno zawiera wyjaśnienie.

Jak chcą badacze, a nawet ludzie zbliżeni do sprawy, Mikołaj Potocki tym darem przekazanym do Polski, do kraju, chciał w jakimś stopniu zmazać winy swego dziada, chciał, aby pieniądze, a trzeba powiedzieć, były to ogromne pieniądze, posłużyły narodowi, podniosły jego gospodarkę, kulturę.

Otóż Alfred Potocki nie uczynił nic, dosłownie nic, aby wykonać to przesłanie. Żył, wzbogacony finansami swego dalekiego krewnego jeszcze bujniej, jeszcze bardziej po królewsku.

W 1939 roku wybuchła wojna, i wkrótce w łańcuckiej rezydencji kwaterowali już wyżsi oficerowie Wehrmachtu. Potocki mieszkał w parterowej części przebudowanej biblioteki, a jego matka na parterze zamku. Jaki był stosunek Potockiego do wroga? Znów trzeba przyłożyć nieco inną miarę. On żył inaczej, jego polskość była inna, kosmopolityczna, więc też i z pewnością odczucia inne. Oczywiście, na jego konto trzeba zapisać i wydawanie pokarmów dla głodującej ludności, i uratowanie łańcuckiej synagogi, którą okupanci, jak wiele, wiele innych chcieli spalić, lecz przecież nie przeżywał tragedii narodu. Co prawda, przez króciutki czas znalazł się nawet w Krakowie w więzieniu, wkrótce jednak został zwolniony.

Kiedy od wschodu, zza Sanu coraz to bardziej słychać było armaty, pakował swe dobra, i te po przodkach, i te zwiezione do Łańcuta po Mikołaju Potockim i wysyłał je w kolejnych partiach do Wiednia. Było tego około 600 skrzyń. Nastąpiła rujnacja pałacowych wnętrz, o której sam Potocki tak pisze w pamiętniku:

,,Po powrocie zaczęło się pakowanie wszystkiego. Sprowadziłem z Pomorzan (majątek brata Alfreda – Jerzego za Lwowem) wartościowe obrazy i kazałem je spakować razem z zamkowymi. Pierwotnie zamierzałem je zawieźć na Wawel do Krakowa (podówczas, pamiętajmy, rezydencja gauleitera Franka), lecz po zastanowieniu się doszedłem do wniosku, że mało było nadziei na to, by Niemcy mogli utrzymać miasto, a więc nasze skarby sztuki fatalnie wpadłyby w ręce Rosjan. Powziąłem więc postanowienie, by spakować je w skrzynie i zdecydować się na rezykowne przewiezienie do Wiednia, sądziłem, że tam przynajmniej będą bezpieczne.

Pakowanie było ciężkie. Usuwaliśmy sztukę po sztuce, jedną po drugiej, meble, obrazy, porcelanę, kryształy itd. Niektórzy z mojej służby wybuchali płaczem, nie mogąc powstrzymać wzruszenia. Był to koniec świata... [...]. Zamek wyglądał teraz jak źle utrzymana stajnia. Do zajmowanych przez siebie pokoi Niemcy poprzynosili byle skąd i byle jakie meble. Cenne przedmioty leżały rozbite po kątach, podłogę zaścielały kawałki sewrskiej porcelany potłuczone w czasie pakowania. Widok ten rozdzierał duszę".

Może najkrócej, jakie przedmioty sztuki, zabytki zostały wywiezione, oczywiście chodzi o te najważniejsze, najbardziej wartościowe: obrazy Francisa Bouchera, Rosalby Carriery, Jacquesa Louisa, Lousa Davida, Jean-Honoré Fragonarda, Francoise Gerarda, Louisa le Naina, Fransa

Snydersa, Antoine Watteau, Carla Vanloo, doskonałe meble francuskich i angielskich ebenistów, wspaniałe tkaniny wschodnie i polskie, jakże cenne i unikatowe, zbiory sztuki z Dalekiego Wschodu, wraz ze słynnym serwisem, rzeźby Thorwaldsena, złoty serwis pochodzący ze zdobyczy wiedeńskiej króla Jana III Sobieskiego, i tak dalej, i tak dalej.

23 lipca 1944 roku Alfred Potocki opuszcza na zawsze Łańcut i przez Wiedeń udaje się do Liechtensteinu, na, jak to określa, emigrację. Ani na moment nie zmienia swego trybu życia. Nadal błyszczy, wydaje na prawo i lewo pieniądze, po prostu nadal jest wielkim panem na ordynackich dobrach. Lecz żeby ten stan utrzymać, wyprzedaje obrazy, porcelanę, meble, kosztowności. Tak na co dzień tylko po to, aby pozostać wierny swym wielkopańskim fanaberiom. Już pod koniec życia ożenił się z Izabelą Jodko-Narkiewicz, primo voto Albertową Sidney. W 1958 r. zakończył swe życie w Genewie. Tak przeminął ostatni ordynat łańcucki.

Jednak czyż wszystko w jego postępowaniu, myśleniu było takie proste? Z jego to przecież woli wdowa w rok po śmierci Alfreda przysłała do łańcuckiej kolekcji zbiór zabytkowych paradnych uprzęży. Więc czyż trzeba, czy można wystawiać cenzurkę, stopnie za to życie?

W dniach 28–29 lipca 1944 oddziały 27 korpusu 13 armii radzieckiej oraz 1 armii pancernej gwardii I Frontu Ukraińskiego walczyły o miasto i wyparły okupanta. Łańcut był wolny.

Wówczas to Juliusz Wierciński, pełnomocnik Potockiego, opiekujący się pozostawionym zamkiem wywiesił na wejściach tabliczki z napisem w języku rosyjskim „Muzeum Narodu Polskiego". Tak to w sposób może niezupełnie przewidziany przez pomysłodawcę, zbiory łańcuckie stały się naprawdę muzeum. Jednak sam ten akt, być może, pozostałby tylko deklaracją, gdyby nie postać dowódcy oddziałów Armii Czerwonej – generała Pawła Kuroczkina. W tym przypadku oddajmy głos „Wspomnieniom oficjalisty", jak swe notatki nazwał Juliusz Wierciński:

„Generał, okazało się bowiem później, że wojskowy ten jest generałem, przyjrzał się badawczo i w tonie ostrym i stanowczym zwrócił uwagę na nieporządek w parku, za który jestem odpowiedzialny. Na zastrzeżenie, że na to co się dzieje nie mam i nie mogę mieć żadnego wpływu, ani możności przeciwstawienia się, generał ponownie wskazał na moją odpowiedzialność „wobec narodu polskiego", jak odpowiedzialność tę określił, za należyte zachowanie i utrzymanie muzeum. Generał kazał sobie towarzyszyć, wszedł do parku i osobiście wydał wojsku rozkaz natychmiastowego opuszczenia parku. Następnie polecił swemu adiutantowi napisać zaraz zaświadczenie dla mnie i wyznaczył oddział wojskowy do ochrony zamku".

Były to dni naprawdę historyczne. Tak zamek łańcucki wszedł w swój nowy okres, już tym razem nie magnackiej rezydencji, lecz znanego w kraju i poza jego granicami Muzeum. Zamek – dzięki decyzji gen. Kuroczkina, powiedzmy to sobie szczerze – nigdy nie został zdewastowany, rozgrabiony, co stało się przykrym udziałem wielu podobnych, może jedynie mniejszych rezydencji.

Jednak tych najnowszych dziejów łańcuckiego zamku nie można zamknąć bez jeszcze jednego, bardzo ważnego epizodu – zakończenia reformy rolnej na ziemi rzeszowskiej.

W archiwum Muzeum-Zamku przechowuje się zaproszenie na uroczystość: „Dla uczczenia wprowadzenia dekretu PKWN z dnia 6 września 1944 roku o godzinie 18. Komitet Organizacyjny... i podpis: M. Subotowicz". Program wydrukowany na drugiej stronie głosi, co następuje: „1. Zdjęcie herbu hrabiów Potockich i umieszczenie godła państwowego, 2. powitanie gości, 3. Kolacja, 4. Tańce do północy. Atrakcje".

A „Biuletyn Reformy Rolnej" z wtorku dnia 7 października 1944 r. (chyba to pomyłka drukarska, data powinna brzmieć: 7 listopada), wydawany w Rzeszowie, na pierwszej stronie zamieszcza sprawozdanie z tej uroczystości w artykule pod tytułem „Wielkie święto ludowe w Łańcucie". Czytamy w nim:

„Lśnią i świecą na tle ciemnego parku i nieba, okna pałacowe. Gwarno i rojno przed zamkiem, z całego powiatu zjechali się chłopi i chłopki, robotnicy i inteligencja pracująca. Przyjechali przedstawiciele rządu z premierem Osóbką-Morawskim na czele, by wziąć udział w święcie ludowym [...]".

I dalej artykuł przebiega w tym podniosłym, pełnym patosu nastroju. Dziś to już historia, dziś może nas niepokoić to zbijanie zabytkowego herbu z portalu zamkowego, te zabawy na zabytkowych posadzkach, gdzie ponoć stawiano beczki z piwem. Ale to już historia. Pamiętajmy jednak, że to działo się przed pół wiekiem, inne były czasy, inni ludzie i inne potrzeby, inne zrozumienie. W latach 1944–1947 przechodziliśmy rewolucję, naszą rewolucję, może nie tak krwawą jak inne, ale płynącą krwią. Więc też i należy do każdej epoki przykładać inną miarę. Zniszczenie herbu, co prawda Lubomirskich, nie Potockich, przez premiera Osóbkę-Morawskiego należy traktować nie jako znak wandalizmu, lecz jako symbol określający zmiany społeczne. To był jednak ważny epizod w dziejach już nie zamku, nie rodziny Potockich, lecz całej tej ziemi.

A potem następowały lata uspokajania się. Oczywiście w zarządzaniu Zamkiem-Muzeum nie wszyscy kierownicy byli właściwi, nie wszystko przebiegało prawidłowo. Były, na szczęście nie wykonane, a nieprzemyślane decyzje, jak oddanie zespołu innym celom niż muzealnym. Zaczynała się właściwa praca, szczególnie od roku 1952, kiedy to dyrektorem zespołu został Antoni Duda-Dziewierz.

Zaczęła się praca. Zbiory inwentaryzowano, ustawiano meble w salonach, wieszano obrazy, czyszczono szkła, froterowano posadzki a przed bramą zamku pojawiało się coraz więcej ludzi chętnych zobaczyć zbiory, sale, salony. Tak zaczęła się muzealna era łańcuckiej rezydencji.

Przystąpiono też do koniecznych remontów. Trzeba było zmieniać stropy, naprawiać, kryć dachy. W czasie tych właśnie prac, a także dzięki badaniom naukowym, zamek łańcucki jakby wypiękniał, gdyż odnalazły się w jego wnętrzach nowe, nieznane dotąd, bo dawno zakryte elementy. Tak odnaleziono doskonałe polichromie Vincenzo Brenny, dawne strzelnice w wieży północno-zachodniej, polichromię w tejże wieży, zabytkowe stropy z XVII stulecia, stary komin w dawnej dworskiej kuchni. Wreszcie nie chodzi tu o wyliczenia. Zamek stawał się coraz to piękniejszym muzeum. Zabrane przez Potockiego dzieła sztuki zostały częściowo zastąpione innymi, otrzymanymi w depozyt, liczne dzieła przez te cztery dziesiątki lat zostały zakupione i jakże liczne zostały poddane pracom konserwatorskim.

W latach sześćdziesiątych Muzeum-Zamek w Łańcucie wzbogacił się o jeszcze jedną atrakcję. W tym to czasie grono pracowników wraz z innymi ludźmi na terenie województwa rzeszowskiego przystąpiło do ratunku niszczejących w bieszczadzkich i nie tylko bieszczadzkich cerkwiach licznych ikon, paramentów kościelnych. Ich to pracy, bez przesady, nieraz bardzo niebezpiecznej, nie wspominając tu o wysiłku, zawdzięczać musi kultura narodowa bardzo wiele. Oni uratowali dla niej i dla nas liczne wspaniałe dzieła. Część z nich została umieszczona w zespole łańcuckim. W lewym skrzydle Stajni Cugowych, w zaadaptowanym pomieszczeniu, zorganizowano Magazyn Sztuki Cerkiewnej, który obecnie stanowi doskonałą w swym wyrazie ekspozycję ikon, tego jakże podziwianego malarstwa cerkiewnego, powstałego na naszych terenach. To wpisanie innej niż pałacowa sztuki w zespół jest czymś naprawdę istotnym. Jest osiągnięciem!

Odkryto, odnowiono, lecz zamek pozostał taki sam, gdyż nie można tu wprowadzać zmian zasadniczych, można i należy odnawiać, remontować, konserwować, nie można zmieniać. To podstawowa zasada muzealnictwa. W wypadku koniecznych zmian można jedynie zastanowić się, w drodze wyboru, jaki mamy odsłonić okres życia zamku. To tylko może być dylematem. Tak jest i we wnętrzach, i w parku.

Stał się też zamek w Łańcucie miejscem jakże licznych spotkań, sympozjów, narad i to na bardzo wysokim nieraz szczeblu. No i jeszcze dzieje muzyczne Łańcuta, te ostatnie. Rozpoczęło się to w 1960 roku, kiedy otwarto pierwsze „Dni Muzyki Kameralnej", przekształcone od 1981 roku w „Festiwal Muzyczny", imprezę o zasłużonej sławie, ściągającą tu licznych melomanów, Festiwal o światowym poziomie. Jest też Muzeum-Zamek siedzibą corocznych, trwających już od przeszło dziesięciu lat Mistrzowskich Kursów Muzycznych, na których pod okiem znakomitych mistrzów ze świata uczą się, doskonalą swe rzemiosło młodzi muzycy.

Jednak przede wszystkim jest Muzeum-Zamek w Łańcucie jedną z najciekawszych, najlepszych tego typu placówek w kraju. Nie trzeba się bać tego stwierdzenia, ono jest prawdziwe. A świadczą o tym setki tysięcy turystów, którzy tu corocznie przybywają po piękno, po wiedzę, po to, czego tak bardzo poszukujemy, a co nieraz trudno zdobyć, po wzruszenie, doznanie piękna, wypoczynek.

Tomasz Jurasz

Ważniejsze daty i fakty z dziejów Łańcuta i zamku

1349 – nadanie praw miejskich Łańcutowi przez Kazimierza Wielkiego (według tradycji).

Połowa XIV w. – powstanie drewnianego dworu obronnego na obecnym Wzgórzu Plebańskim.

1385 – umiera pierwszy właściciel Łańcuta – Otton z Pilczy Pilecki.

1410 – pobyt w Łańcucie Władysława Jagiełły i Wielkiego Księcia Witolda.

1417 – ślub Władysława Jagiełły z Elżbietą Granowską, córką Ottona Pileckiego.

1429 – pobyt w Łańcucie cesarza Zygmunta Luksemburskiego.

1493 – śmierć Stanisława Pileckiego, fundatora murowanego kościoła parafialnego.

1509 – Stanisław „Ocica" Pilecki podejmuje na zamku króla Zygmunta Starego.

Około 1551 – urodził się Stanisław Stadnicki, starosta zygwulski, zwany Diabłem Łańcuckim – osławiony warchoł, awanturnik, który prowadził otwarte wojny z sąsiadami, np. Ligęzami, Łukaszem Opalińskim. Zginął w 1610 r. pod Tarnawą z rąk kozaka ks. Anny Ostrogskiej.

1578 – Krzysztof Pilecki zapisuje dobra łańcuckie swej żonie, Annie z Sienieńskich.

Około 1586 – Anna Pilecka zamienia dobra łańcuckie ze Stanisławem Stadnickim.

Koniec XVI w. – budowa pierwszego dworu obronnego z wieżą.

1583 – urodził się Stanisław Lubomirski, fundator obecnego zamku. Zmarł w 1649 r.

1586–1628 – Łańcut w posiadaniu Stadnickich, herbu Szreniawa.

I ćw. XVII w. – właścicielami Łańcuta zostają żona Stanisława, Anna Stadnicka, i ich synowie Zygmunt i Stanisław, zwani Diablętami.

1610–1622 – hipotetyczna budowa trójskrzydłowego zamku.

1629 – Stanisław Stadnicki (syn) sprzedaje dobra łańcuckie Stanisławowi Lubomirskiemu.

1629–1816 – dobra łańcuckie w posiadaniu Lubomirskich, herbu Szreniawa.

1629–1642 – budowa obecnego zamku. Fortyfikacje ziemne wykonano według projektu Krzysztofa Mieroszewskiego.

1641 – prace sztukatorskie Giovanniego Battisty Falconiego (Sala pod Zodiakami).

1616 – urodził się Jerzy Sebastian Lubomirski. Zmarł w 1667 r.

1642 – urodził się Stanisław Herakliusz Lubomirski. Zmarł w 1702 r.

1656 – król Jan Kazimierz odwiedza zamek.

1657 – wojska Jerzego II Rakoczego niszczą miasto, nie zdobywają jednak zamku.

1661 – restauracja zamku prowadzona przez Tylmana z Gameren (1632–1701).

1683 – urodził się Teodor Lubomirski. Zmarł w 1745 r.

1688 – pożar zamku, a następnie jego remont.

18 lipca 1704 – ogłoszenie Konfederacji Łańcuckiej.

1720 – urodził się Stanisław Lubomirski. Zmarł w 1783 r.

1733 – wojska gen. Wilhelma Miera zdobywają zamek.

1753 – ślub Stanisława Lubomirskiego z Elżbietą z Czartoryskich (1733–1816).

1772 – rozpoczęcie prac przebudowy zamku, prowadzonych przez Księżnę Marszałkową Elżbietę Lubomirską. Pracują tu m.in. Szymon Bogumił Zug, Jan Christian Kamsetzer, Jan Griesmayer, Vincenzo Brenna, Christian Piotr Aigner i Fryderyk Bauman.

Lata 70. XVIII w. – założenie parku wokół zamku.

1785 – ślub Julii Lubomirskiej (1768–1794) z Janem Potockim (1761–1815). Z tego związku narodziło się dwoje dzieci – Alfred i Artur.

1786 – urodził się Alfred I Potocki, założyciel linii łańcuckiej. Zmarł w 1862 r.

1792 – prapremiera ,,Parad" Jana Potockiego w łańcuckim teatrzyku.

1817–1944 – dobra łańcuckie w posiadaniu Potockich, herbu Pilawa.

1822 – podział majątków. Alfred otrzymuje dobra łańcuckie, lwowskie i podolskie, Artur – sandomierskie i krakowskie.

1822 – urodził się Alfred II Potocki. Zmarł w 1889 r.

1828–1830 – budowa Ujeżdżalni według projektu Ludwika Bogochwalskiego.

Około 1830 – położenie na I piętrze dekoracyjnych posadzek według projektu Karola Chodzińskiego, wykonanych przez stolarzy z Kolbuszowej.

1830 – założenie ordynacji.

1851 – urodził się Roman Potocki, trzeci ordynat na Łańcucie. Zmarł w 1915 r.

1882–1902 – budowa Stajni Cugowych i Powozowni.

1886 – urodził się Alfred III Potocki, czwarty i ostatni ordynat. Zmarł w 1958 r.

1889–1904 – przebudowa i renowacja zespołu pałacowego przez Romana i Elżbietę Potockich. Pracami kierowali Armand Banquè i Albert Pio.

1890–1911 – założenie obecnego parku.

1933 – początek ruchów chłopskich w dobrach łańcuckich.

11 września 1939 r. – wkroczenie Niemców.

23 lipca 1944 – Alfred Potocki opuszcza Łańcut, wywożąc około 660 skrzyń najcenniejszych przedmiotów.

29 lipca 1944 – wyzwolenie Łańcuta.

II połowa 1944 r. – powstanie w zamku Państwowego Ośrodka Muzealnego.

1952 – dyrektorem Muzeum zostaje Antoni Duda-Dziewierz. Rozpoczęcie działalności muzealnej, prac konserwatorskich.

1960 – początek zbiorów sztuki cerkiewnej.

1960 – inauguracja ,,Dni Muzyki Kameralnej", od 1981 przekształconych w Festiwal Muzyczny.

1975 – inauguracja ,,Mistrzowskich Kursów Muzycznych".

SUMMARY

Łańcut – a town located in south-eastern Poland is famous in the country and outside its borders for its magnificent magnates' residence which in the past was the property of two powerful noble families – the Lubomirskis and the Potockis. The preserved ancient buildings and their interior paintings, sculptures, furniture, tapestries, glassware, horse-drawn carriages and other artistic objects of all kinds which the proprietors had been collecting for centuries and the Museum later exhibited, represent a charming scene. The castle, park and other buildings of the complex are connected with the nearby town.

The founder of the existing castle was Stanisław Lubomirski (1583–1649), the lord master of Wiśnicz, and Kraków and Ruthenian Voivode, owner of some 290 villages, towns and enormous property. One of the Voivode's interests commendable for our culture was building, and the enormous wealth of resources in his possession served to fulfil this purpose. Lubomirski's foundations included many different temples and castles. One of them was Łańcut.

Between 1629 and 1642 a quadrangular castle was erected in Łańcut with a courtyard inside. The castle is flanked by four towers. On the main axis of the western façade there is an entrance gate decorated with a portal with the Lubomirski's coat-of-arms – Szreniawa and founding inscription. Behind it is a spacious vestibule supported on one pillar. A monumental strairway leading to the first floor, known as "piano nobile" because it houses the most representative chambers and rooms. The old, 17th century decor going back to the times of the founder has survived only in fragments of the ornamental wooden ceiling dated 1642, stucco vault of the north-eastern tower executed by Giovanni Batista Falconi, an Italian artist, as well as the entire shell of the castle. A well-known architect, Tylman van Gameren, worked here. The fortified building is surrounded by fortifications of the old Dutch type erected in 17th century. They were designed on a pentagonal plane. In the past bastions and curtains had high earth ramparts on which cannons were emplaced. In front of the ramparts was a dry moat which has remained until this day. Further on ran another line of embankments. A draw bridge led from the castle to the moat. Such a model of defence architecture, very characteristic for 17th century Europe is called "palazzo in fortezza". It was said that the castle was defended by 80 cannons, a strong army, and the food and ammunition stored here could last for a long time of siege. Fortunately for the castle. it did not have to resort to such stocks. The Swedish invasion which flooded our country in mid-17th century bypassed Łańcut. However, not long afterwards in 1657, the castle was surrounded by the army of duke of Transylvania, George II Rakoczy who, failing to capture the castle, withdrew.

A very important period for the development of both the town and in the first place the castle was the second half of the 18th century. The property, including the residence, belonged to Stanisław Lubomirski and his wife Elżbieta née Czartoryska (1773–1816). After the death of her husband, Elżbieta Lubomirska – called the Duchess Marshal (her husband was the great marshal of the crown) and after returning from her many European voyages, took up residence in Łańcut. She was the greatest patroness of the castle and its surroundings. The Duchess Marshal was very intelligent, highly educated and ranked among the first ladies of the epoch. She was the guest of the most important European courts. Her residence in Paris played host to leading personalities of the time: philosophers, artists, politicians and writers. She prided herself on her friendship with the Austrian empress Maria Theresa and the French queen Marie Antoinette.

The Duchess Marshal was very much shaken by the downfall of the French monarchy. She offered her residence as shelter to many emigrants. Łańcut hosted the future king Louis XVIII and bishop Laon de Sabran, the confessor of Marie Antoinette, lived here until his death. The enormous Łańcut property was run by Ignacy Gabard – former chief secretary and deputy to the minister of the French mission to Switzerland.

By making the castle in Łańcut her major abode, the Duchess decided to transform it to suit her tastes and turn it into a residence worthy of her person. She was free to realize her plans because her wealth was not only one of the greatest in Poland but also in Europe. The Duchess was also a great patroness of the arts and commissioned work of the best Polish and foreign artists who lived in Poland in the second half of the 18th and the beginning of the 19th century. The castle's modernization into a palace residence was done in stages. The fortification ring was taken down first and on its premises a park, flower gardens and pavilions were set up. The residence's interiors were redesigned and refurnished. The artists employed here included Vincenzo Brenna, the painter, who executed murals in several rooms, the architect Szymon Bogu-mił Zug, who designed the Column Chamber, Jan Christian Kamsetzer and the excellent artist Piotr Aigner who designed Classicist and Romantic structures: the Orangery, the Romantic Castle, Glorietta as well as the interiors: the Dining Room, the Theatre, Sculpture Gallery, the Ballroom decorated with stuccos by Frederick Bauman, one of the greatest Classicist works in Poland.

The chambers and rooms were furnished with every fashionable item that was both ornamental and comfortable. Many precious works of arts were brought from other Polish residences of Duchess Marshal in addition to works of art bought in Western Europe. Already at the beginning of the 19th century, Łańcut was one of the finest European residences.

Elżbieta Lubomirska bequeathed her Łańcut property to her grandsons Alfred and Artur Potocki, the sons of her daughter Julia and Jan Potocki, a well-known traveller, explorer and writer.

Later the Łańcut property was given to Alfred (1786–1862) as a result of the division of legacy. It was Alfred who in 1830 founded an estate in tail in Łańcut governed by four sucessive heirs in tail from the Potocki line until 1944.

Alfred I Potocki decided to change, develop and embellish the residence and thus to continue the work begun by duchess Lubomirska, in addition to industrializing and extending his vast landed property. The first lord of the manour was a well known figure at the emperor's court in Vienna and the Łańcut palace became a place eagerly visited by the most illustrious of guests.

The son of Alfred I – Alfred II (1817–1889) was also a known figure. He held many posts in the Austrian government. Later he received a nomination to the post of prime minister, he was also the governor of Galicia, this part of the Polish Republic which was annexed by Austria after the Partitions. Due to his official duties he was seldom a resident in Łańcut. Hence the underinvested castle during his lifetime was declining.

The third heir in tail, Roman Potocki (1851–1915) with his wife Elżbieta née Radziwiłł restored the former splendour of the residence. The work commissioned by the Potockis at the end of the 19th and beginning of the 20th century was performed very thoroughly. The magnificent interiors dating back to the times of Duchess Lubomirska were restored with great care. Other interiors were given a decor which referred to historical rooms. The work was directed by Armand Baugué and Alberto Pio and executed mostly by firms from Vienna. The works were not limited to refurbishing. The castle was modernized, sewage system, electricity, telephones and central heating were installed. The castle's surroundings in the years 1890–1904 filled a new bigger English-style park designed by Vienniese gardener Maxwald.

The Potockis were great horse and carriage lovers. They commissioned architect Armand Baugué to design stables and a carriage pavilion. Shortly afterwards the Carriage Pavilion filled with different models of carriages which Roman Potocki designed himself. The long and very expensive works commissioned by Elżbieta and Roman Potocki restored the residence to its former splendour.

The last heir in tail of Łańcut Alfred III Potocki (1886–1958) inherited the castle in an excellent condition. In the period between two world wars the residence was a place where many official guests were received. The proprietor travelled extensively, hunted, and organized safaris in Africa. But the estate, although quite extensive, did not give any revenues and the owner ran deeper and deeper into debt which he could not repay even after receiving a major inheritance in 1921 after his distant relative Michael Potocki from Paris. The impoverished local populace frequently rebelled and staged strikes.

During the Nazi occupation, Alfred III Potocki lived in the castle with his mother. In 1944 upon the retreat of the German troops, the lord of the castle and his mother were granted permission to leave for Vienna and from there they went to the Duchy of Liechtenstein. They took with them the most precious objects, paintings, sculptures, tapestries, porcelain all packed in 600 boxes. This property was later mostly sold at auctions and is now part of many European and American collections. The last heir in tail of Łańcut died in Switzerland in 1958.

After liberation in 1944, the castle in Łańcut became one of first museums in People's Poland. Since that time it has been fulfilling its artistic-educational function by accepting hundreds of thousands of visitors every year. In the course of the past-decades a lot has been done here. The castle was refurbished and unknown architectonic and decorative details were discovered. Rooms underwent conservation work and many works of art were brought in here thus creating perhaps the most splendid museum of palace interiors in Poland.

The Museum-Castle as it stands now represents the different artistic styles from Baroque to Eclectism. The reorganized and greatly enlarged collection of horse-drawn carriages on display is one of the most interesting ones of this type in the world and reflects the evolution of this genre of art connected with the existence of the great residence of magnates.

In 1960s, the museum began to organize on its premises in the wing of the stables building a Collection of Christian Orthodox Art, featuring artifacts from Poland's south-eastern Orthodox churches.

The Museum-Castle in Łańcut is also the scene of numerous congresses, symposia and world renowned events such as the Music Festival, organized every year in May, and the Courses in Music Interpretations where young musicians from different countries hone their techniques.

Tomasz Jurasz

РЕЗЮМЕ

Ланьцут — город, расположенный в юго-восточной части Польши, — известен в стране и за рубежом как местонахождение замка — великолепной магнатской резиденции, принадлежавшей в прошлом двум могущественным магнатским родам — Любомирских и Потоцких. Старинные постройки, а в их интерьерах картины, скульптуры, мебель, художественные ткани, стекло, экипажи и всякого рода произведения искусства, — собирались владельцами Ланьцута в течение столетий. За годы существования созданного здесь после войны музея ланьцутские собрания значительно пополнились. Замок, парк и все постройки ансамбля связаны в единое целое с городом.

Основал существующий ныне замок Станислав Любомирский (1583—1649), „пан на Висниче", краковский воевода и воевода Руси, владелец около 290 сел, городов и огромных богатств. Его страстным увлечением было строительство, колоссальные средства, которыми он располагал, служили ему для удовлетворения его увлечения, сослужившего большую службу польской культуре. Любомирский строил многочисленные храмы, замки. Среди них и оказался Ланьцутский замок.

В 1629—1642 годах в Ланьцуте был построен квадратный в плане замок с внутренним двором в середине. Монументальное оборонительное сооружение окружают четыре угловые башни. На оси главного восточного фасада имеются въездные ворота, украшенные порталом с гербом Любомирских — Шренявой и надписью об основании замка. За воротами большие сени, свод которых опирается на один столб. Монументальная лестница ведет на второй этаж, называемый „пиано мобиле": здесь размещались и размещаются парадные комнаты, салоны, залы. Сохранились фрагменты декоративного деревянного перекрытия времен Станислава Любомирского с датой 1642 г., свод из искусственного мрамора северо-восточной башни работы итальянского зодчего Джиованни Баптисто Фалькони того же времени и весь массив здания. Здесь работал знаменитый архитектор XVII века Тальман из Гамерена.

Замок окружают укрепления староголландскоро типа, возведенные в XVII веке на плане пятиугольника. Когда-то на бастионах и куртинах были насыпаны высокие земляные валы, на которых стояли пушки. Перед валами находился сухой ров, существующий по сей день. Далее проходила ещё одна линия валов. К замку, находившемуся за рвом, вел разводной мост. Такого рода оборонительное решение, очень характерное для европейской архитектуры XVII века, носит название „палаццо ин фортецца". Известно, что замок некогда защищали 80 орудий, здесь стояло многочисленное войско, а продовольствие и боеприпасы, хранившиеся в замке, позволяли выдержать долгую осаду. К счастью, замку и его обитателям не пришлось воспользоваться этой возможностью. Шведский потоп, заливший Польшу в середине XVII века, обошел Ланьцут. Однако незадолго до этого, в 1657 году, замок осадили войска трансильванского князя Дьёрдя II Ракоци, но, не преодолев укреплений, отошли.

Очень важным периодом как для развития города, так и — прежде всего — замка, была вторая половина XVII века. Здешние земли вместе с резиденцией принадлежали в это время Станиславу Любомирскому и его жене Эльжбете (урожденной Чарторыской, 1733—1816). После смерти мужа Эльжбета Любомирская, — княгиня — маршальша, как ее называли (Станислав Любомирский был великим коронным маршалом), возвратившись из многочисленных поездок по Европе, поселилась в ланьцутском поместье. Ей-то замок и его окружение обязаны очень многим. Эльжбета Любомирская была умной, всесторонне образованной женщиной. Ее считали одной из первых дам эпохи, принимали на самых значительных европейских дворах. Ее салоны в Париже посешали знаменитые философы, политики, артисты, писатели. Она гордилась дружбой австрийской императрицы Марии-Терезы и французской королевы Марии-Антуанетты.

Эльжбета Любомирская тяжело пережила падение французской монархии, у нее нашли приют многочисленные эмигранты. В Ланьцуте гостил позднейший король Франции Людовик XVIII, до самой смерти жил епископ Лаон де Сабраи, духовник королевы Марии-Антуанетты. Колоссальным поместьем в Ланьцуте управлял Игнаци Габар, бывший главный секретарь и заместитель главы французской миссии в Швейцарии.

Избрав ланьцутский замок своим важнейшим местопребыванием, княгиня решила преобразить его по своему вкусу и сделать из него достойную ее резиденцию. Все свои планы она легко могла осуществить: недаром ее считали одной из самых богатых женщин не только Польши, но и Европы. Она была также покровителем изящных искусств, и по ее заказам работали лучшие польские и зарубежные художники, скульпторы, жившие в Польше во второй половине XVIII века и в начале XIX века. Модернизация замка и превращение его в дворцовую резиденцию осуществлялись поэтапно. Сначала была сравнена с землей полоса укреплений, а в ее границах были заложены парк и цветники, построены павильоны. Изменились также и интерьеры резиденции и их убранство. Здесь работали Винценто Бренна — живописец, создатель полихромии в нескольких помещениях, Шимон Богумил Цуг — им создан Колонный зал, Ян Христиан Камзетцер, а также Петр Айгнер, проектировавший для Ланьцута классические и романтические постройки: оранжерею, Романтический замок, Глориетту, Столовую, театр, Скульптурную галерею, бальный зал, который украсил искусственным мрамором Фридерик Бауман, — одно из самых замечательных произведений польского классицизма.

Комнаты и залы были оснащены всем, что было модно и служило для украшения или комфорта. Много ценных произведений искусства было перевезено в Ланьцут из других польских резиденций княгини. Ряд произведений был куплен в Западной Европе. Во всяком случае уже к началу XIX века Ланьцут был одной из самых замечательных европейских резиденций.

Ланьцутские владения Эльжбета Любомирская завещала своим внукам Альфреду и Артуру Потоцким, детям своей дочери Юлии и Яна Потоцкого, известного путешественника, исследователя, писателя.

Затем после раздела ланьцутские владения остались в руках Альфреда (1784—1862). Он в 1830 году сделал Ланьцут родовым имением, которым до 1944 года последовательно владели четверо Потоцких из этой ветви рода.

Альфред I Потоцкий поставил своей целью преобразование, расширение и улучшение резиденции, то есть продолжение работ, начатых княгиней Любомирской, и индустриализацию и расширение крупных поместий. Первый владелец майората был хорошо известен на венском дворе, а ланьцутский замок стал местом, которое охотно носещали самые знатные гости.

Сын Альфреда I - Альфред II (1817—1889) был также видной фигурой, занимал многие посты в австрийском правительстве, а со временем стал его премьер-министром; он был также наместником Галиции — части Польши, находившейся после ее разделов под властью Австрии. В связи со своими должностями он редко бывал в Ланьцуте, так что ланьцутская резиденция, в которую он вкладывал меньше средств, чем его отец, стала утрачивать свой блеск.

Третий владелец майората Роман Потоцкий (1851—1915), когда получил в наследство Ланьцут и приехал сюда с женой Эльжбетой, урожденной Радзивилл, решил вернуть прежний блеск резиденции. Работы, развернутые Потоцкими в конце XIX -

начале XX веков, проводились чрезвычайно тщательно. С пиетизмом были реставрированы великолепные интерьеры времен княгини Любомирской, убранство других приобрело характер этих старинных залов и салонов. Работами руководили Арманд Боке и Альберт Пио, а исполнителями их были в основном австрийские фирмы. Работы не ограничивались лишь восстановлением. Замок был модернизирован — проведены канализация, электричество, телефон, центральное отопление. Вокруг замка в 1890—1904 годах был заложен по проекту венского садовника Максвальда новый английский парк.

Роман и Эльжбета Потоцкие были любителями лошадей и экипажей. По их заказу архитектор Арманд Боке создал проект цуговых конюшен и каретную. Вскоре каретная заполнилась разными моделями экипажей, которые коллекционировал Роман Потоцкий. Многолетние и очень дорогостоящие работы, проводившиеся Романом и Эльжбетой Потоцкими, привели к тому, что Ланьцут приобрел прежнее великолепие и блеск.

Последний владелец майората Альфред III Потоцкий (1886—1958) унаследовал замок в прекрасном состоянии. В межвоенные годы резиденция была местом, в котором принимали многочисленных официальных гостей. Владелец Ланьцута много путешествовал, охотился, в том числе и в Африке. Однако поместья, хоть они и были огромными, не приносили доходов, он постоянно одалживал деньги, что продолжалось и после того, как он получил большое наследство в 1921 году после смерти своего дальнего парижского родственника Миколая Потоцкого. С 1933 года возникали волнения среди обедневшего населения Ланьцута, часты были забастовки.

В период оккупации Альфред Потоцкий и его мать жили в замке. В 1944 году, когда началось отступление гитлеровских войск, они получили разрешение на выезд в Вену, а затем отправились в Лихтенштейн. Спасаясь бегством из Ланьцута, они забрали самые ценные предметы, картины, скульптуры, ткани, фарфор, упакованные в 600 с лишним ящиков. Большая часть этих богатств была потом распродана на аукционах и попала в многочисленные европейские и американские коллекции. Альфред III Потоцкий скончался в Швейцарии в 1958 году.

После освобождения в 1944 году ланьцутский замок стал одним из первых музеев в народной Польше. С этого времени он выполняет свои художественно-образовательные функции, принимая ежегодно тысячи посетителей. За истекшие десятилетия здесь многое сделано: проводились ремонты, были открыты неизвестные архитектурные и декоративные детали. Залы, салоны реставрировались. Были закуплены многие выдающиеся произведения искусства, и Ланьцут превратился в самый замечательный в Польше музей дворцовых интерьеров.

В настоящее время в музее-замке собраны великолепные экспонаты, отражающие различные художественные стили — от барокко до эклектизма. Реорганизована и значительно пополнена экспозиция конных экипажей, которая принадлежит к самым интересным в мире и прекрасно воплощает тот вид искусства, который был связан с существованием крупной магнатской резиденции. В шестидесятые годы началась организация на

территории этого ансамбля собрания церковного искусства (в одном из крыльев бывших цуговых конюшен). Здесь находятся теперь объекты из костелов юго-восточной Польши.

Музей-замок в Ланьцуте — это не только большой и широко известный музей, но и место, в котором проводятся многочисленные съезды, симпозиумы, а прежде всего получившие известность во всем мире такие мероприятия, как ежегодный Музыкальный фестиваль в мае, курсы музыкальных интерпретаций, на которых совершенствуют свое мастерство польские и зарубежные музыканты.

Томаш Юраш

1

1. *Malarz nieznany, Widok zamku na pocz. XIX w. ol pł.*

1. *Artist unknown: View of the Castle in early 19th century. Oil on canvas*

1. *Вид дворца нач. XIX в. Неизвестный художник, масло, холст.*

2

3

2. *Widok zamku od zachodu, polichromia w Sali pod Widokami, I poł. XIX w.*
3. *Widok zamku wraz z arsenałem, polichromia w Sali pod Widokami, I poł. XIX w.*
4. *Zamek od strony oranżerii*

2. *View of the Castle from the West, polychromy in Landscapes Room, early 19th century*
3. *View of the Castle with Arsenal, polychromy in Landscapes Room, early 19th century*
4. *View of the Castle from Orangery*

2. *Вид дворца с запада, полихромная роспись Зала под пейзажами, 1 пол. XIX в.*
3. *Вид дворца с арсеналом, полихромная роспись Зала под пейзажами, 1 пол. XIX в.*
4. *Дворец со стороны оранжереи*

5

5. Wieża „Kurza Stopka", fragment zamku z pocz. XX w.
6. Hełmy zamkowych wież z XVII w.
7. Wycieczki czekające na zwiedzanie Muzeum

5. "Hen's Foot" tower, built in early 20th century
6. Cupolas on the Castle towers, 17th century
7. Tourists at entrance to the Museum

5. Башня „В шашечку", фрагмент дворца, нач. XX в.
6. Шлемовидные главки дворцовых башен, XVII в.
7. Экскурсанты перед осмотром музея

6

8. *Weranda od strony południowej*
9. *Stary platan na dziedzińcu zamkowym*
10. *Widok z bramy na fasadę oranżerii*

8. *Porch, view from the South*
9. *Old plane-tree in the courtyard*
10. *Façade of Orangery, view from the gate*

8. *Веранда с южной стороны*
9. *Старый платан*
10. *Вид из ворот на оранжерею*

11. *Budynek biblioteki zamkowej z II poł. XVIII w.*
11. *Library, late 18th century*
11. *Здание дворцовой библиотеки, 2 пол. XVIII в.*

12. Oranżeria z pocz. XIX w. od strony południowej
12. Orangery, early 19th century, view from the South
12. Оранжерея нач. XIX в. с южной стороны

13. *Klasycystyczny portyk oranżerii*
14. *Fragment kolumnady oranżerii*

13. *Classicistic portico of Orangery*
14. *Colonnale of Orangery*

13. *Классицистический портик оранжереи*
14. *Фрагмент колоннады оранжереи*

13

14

15. *Herb Szreniawa*
16. *Portal zamkowy z I poł. XVII w.*

15. *Coat of arms Szreniawa*
16. *Portal, early 17th century*

15. *Герб Шренява*
16. *Дворцовый портал 1 пол. XVIII в.*

15

16

17. *Malarz nieznany, Stanisław Lubomirski, ol. pł., ok. poł. XVII w.*
18. *Malarz nieznany, Jerzy Sebastian Lubomirski, ol. pł., ok. poł. XVII w.*

17. *Artist unknown: "Stanisław Lubomirski". Oil on canvas, mid-17th century*
18. *Artist unknown: "Jerzy Sebastian Lubomirski", mid-17th century, oil on canvas*

17. *Станислав Любомирский. Неизвестный хыдожник, маслохолст, сер. XVII в.*
18. *Ежи Себастьян Любомирский. Неизвестный художник, масло, холст, сер. XVII в.*

19. Barokowa sień zamkowa
20. Spiżowa armata z końca XVII w. w sieni zamkowej
21. Parter, wejście na korytarz

19. Baroque Antechamber
20. Bronze gun in Antechamber, late 17th century
21. Ground floor, entrance to corridor

19. Барочный вестибюль дворца
20. Бронзовая пушка конца XVII в. в вестибюле дворца
21. Бельэтаж, вход в коридор

23

22. *Sala pod Stropem z XVII w.*
23. *Polichromowany strop z 1642 r.*

22. *Hall Under Ceiling, 17th century*
23. *Polychromed ceiling, 1642*

22. *Зал под сводом, XVII в.*
23. *Полихромный свод 1642 г.*

24. *Zegar wieżyczkowy, sygn. Michel Andreas, 1607 r.*
25. *Majolikowa waza, warsztat Orazio Fontany z Urbino, Włochy, 2 poł. XVI w.*

24. *Pinnacle clock, signed: Michel Andreas, 1607*
25. *Majolica vase, Orazio Fontana, Urbino, Italy, late 16th century*

24. *Часы. Подпись М. Андреас, 1607 г.*
25. *Майоликовая ваза. Мастерская Орацио Фонтаны, Урбино, Италия, 2 пол. XVI в.*

25

26. *J. Ch. Falconi, stiuki w kopule wieży płn.-zach., XVII w.*
27. *Kubek, warsztat Jana Rhode II, srebro, ok. 1700 r.*

26. *J. Ch. Falconi, Stucco works, dome in western tower, 17th century*
27. *Silver cup, Jan Rhode II, c. 1700*

26. *Декор из стукко купола сев.-зап. башни. Дж.Б. Фалькони, XVII в.*
27. *Кубок. Мастерская Ж. Роде II серебро, ок. 1700 г.*

29

28. *Korytarz krótki, zachodni, na I piętrze*
29. *Lustro, manufaktura w Urzeczu, XVIII w.*

28. *Western "Short" corridor, second floor*
29. *Mirror, 18th century, manufactory in Urzecze*

28. *Короткий коридор, западный на II этаже*
29. *Зеркало мануфактуры в Ужече, XVIII в.*

30. *August Czartoryski, ojciec Elżbiety, ol. pł., XVIII w.*

30. *August Czartoryski, father of Elżbieta, 18th century, oil on canvas*

30. *Август Чарторыский, отец Эльжбеты. Масло, холст, XVIII в.*

31. *Elżbieta z Czartoryskich Lubomirska, ol. pł., koniec XVIII w.*

31. *Elżbieta Lubomirska, née Czartoryska, late 18th century, oil on canvas*

31. *Эльжбета Любомирская, урожденная Чарторыская. Масло, холст, конец XVIII в.*

33

32. *Gabinet rokokowy z poł. XVIII w.*
33. *Dekoracja snycerska, polichromowana i złocona w Gabinecie Rokokowym z poł. XVIII w.*

32. *Rococo Study, mid-18th century*
33. *Polychromy and gilt covered woodwork, Rococo Study, mid-18th century*

32. *Кабинет в стиле рококо, сер. XVIII в.*
33. *Резной, полихромный и позолоченный декор кабинета в стиле рококо сер. XVIII в.*

34

34. *Kominek i ekran w Gabinecie Rokokowym, poł. XVIII w.*
35. *Intarsjowane biureczko w typie ,,bonher-du--jour", wyrób francuski, Charles Topino, ok. 1770–1780*
36. *Zegar szafkowy, naśladownictwo wyrobów znanego twórcy Charles'a Boulla, Francja, II poł. XVIII w.*

34. *Fireplace and screen, Rococo Study, mid-18th century*
35. *Inlaid "bonheur du jour" desk, Charles Topino, France, c. 1770–1780*
36. *Cabinet clock, imitation after Charles Boulle, France, late 18th century*

34. *Камин с экраном. Кабинет в стиле рококо, сер. XVIII в.*
35. *Письменный столик с интарсией типа ,,Бонёр-дю-жур". Французское изделие, Шарль Тапен, ок. 1770—1780.*
36. *Часы. Подражание известному мастеру Шарлю Андре Булю. Франция, 2 пол. XVIII в.*

35

37. *Waza z cyklu „Cztery żywioły", „Woda", porcelana, Miśnia, XIX w.*
38. *Fragment intarsjowanej posadzki w Gabinecie Rokokowym, Polska, I poł. XIX w.*

37. *"Water" vase, cycle "Four Elements", Meissen, 19th century*
38. *Parquet floor, detail, Rococo Study, Poland, early 19th century*

37. *Ваза из цикла „Четыре стихии" — „Вода". Фарфор, Мейсен, XIX в.*
38. *Фрагмент паркета с интарсией Кабинета в стиле рококо. Польша, 1 пол. XIX в.*

40

41

42

43

42. *J. Ch. Kamsetzer, supraporta, drewno polichromowane, koniec XVIII w.*

43. *J. Ch. Kamsetzer, fragment bordiury, drewno polichromowane, koniec XVIII w.*

42. *Fronton, carved wood, polychromy, J. Ch. Kamsetzer, late 18th century*

43. *Bordure, detail carved wood, polychromy, J. Ch. Kamzsetzer, late 18th century*

42. *Резная панель над дверью, дерево с полихромией. Я. Х. Камзетцер, конец XVIII в.*

43. *Фрагмент бордюра. Дерево с полихромией. Я.Х. Камзетцер, конец XVIII в.*

44. *Szkło stołowe*
44. *Table glassware*
44. *Смеклянная посуба*

45–47. *Szkło stołowe, wykonane w manufakturach w Nalibokach, Urzeczu i Lubaczowie, XVIII w.*

45–47. *Table glassware, Naliboki, Urzecze, Lubaczów, 18th century*

45–47. *Стеклянная посуда. Мануфактуры в Налибоках, Ужече и Любачуве, XVIII в.*

46

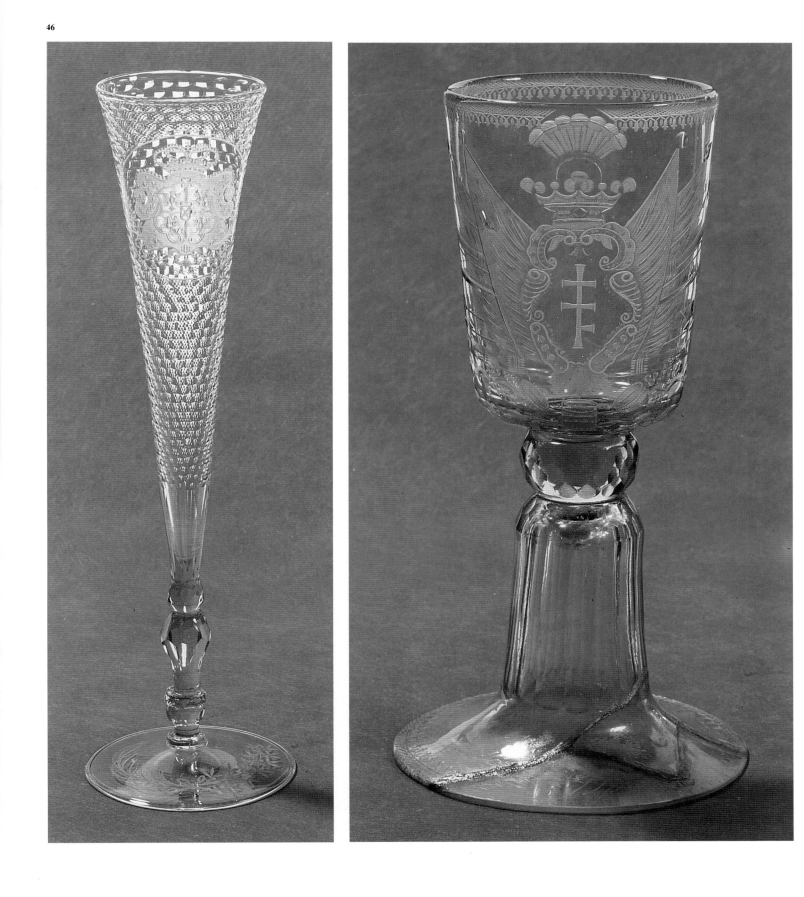

48

48. ,,Wenus karcąca Amora", biskwit, Francja, XVIII w.
49. Fragment posadzki w Salonie Bouchera, I poł. XIX w.

48. "Venus, scolding Cupid", biscuit, France, 18 century
49. Floor, detail, Boucher Salon, early 19th century

48. ,,Венера, журящая Амура". Бисквит, Франция, XVIII в.
49. Фрагмент паркета в Салоне Буше, 1 пол. XIX в.

50. Sala Balowa, proj. P. Ch. Aigner, stiuki F. Bauman, ok. 1800 r.

50. Ball Room, Designer P. Ch. Aigner; stuccos – F. Bauman, c. 1800

50. Бальный зал. Проект Х. П. Айгнера, декор из стукко Ф. Баумана, ок. 1800 г.

51. *Sala Balowa, gwasz, I poł. XIX w.*

51. *Ball Room, gouache, early 19th century*

51. *Бальный зал. Гуашь, 1 пол. XIX в.*

52. *Fragment dekoracji stiukowej F. Baumana w Sali Balowej, ok. 1800 r.*
53. *Kominek w Sali Balowej*
54. *,,Wenus na leopardzie", biskwit, Anglia, II poł. XIX w.*

52. *Stucco, Ball Room, F. Bauman, c. 1800*
53. *Fireplace, Ball Room*
54. *"Venus on Leopard", biscuit, England, late 19th century*

52. *Фрагмент декора из стукко Ф. Баумана в Бальном зале. Ок. 1800 г.*
53. *Камин в Бальном зале*
54. *,,Венера на леопарде". Бисквит, Англия, 2 пол. XIX в.*

52

53

55. *Wielka Jadalnia, koniec XVIII w.*
55. *Grand Dining Room, late 18th century*
55. *Большая столовая. Конец XVIII в.*

56. *Fragment Wielkiej Jadalni*
56. *Grand Dining Room, fragment*
56. *Фрагмент Большой столовой*

57. *Gablota ze srebrem stołowym z XVIII w., wykonanym w warsztatach francuskich, austriackich i polskich*
58. *Buliera z podgrzewaczem, srebro, J. Skalski, Warszawa, ok. 1800 r.*
59. *Waza, srebro, wyrób warszawski koniec XVIII w.*

57. *Showcase with 18th century silver tableware, France, Austria, Poland*
58. *Boiler with heater, silver, J. Skalski, Warsaw, c. 1800*
59. *Silver vase, Warsaw, late 18th century*

57. *Горка со столовым серебром XVIII в., выполненным во французских, австрийских и польских мастерских*
58. *Кипятильник с подогревателем. Серебро, изделие Скальского, Варшава, ок. 1800 г.*
59. *Ваза. Серебро, варшавское изделие конца XVIII в.*

58

59

61

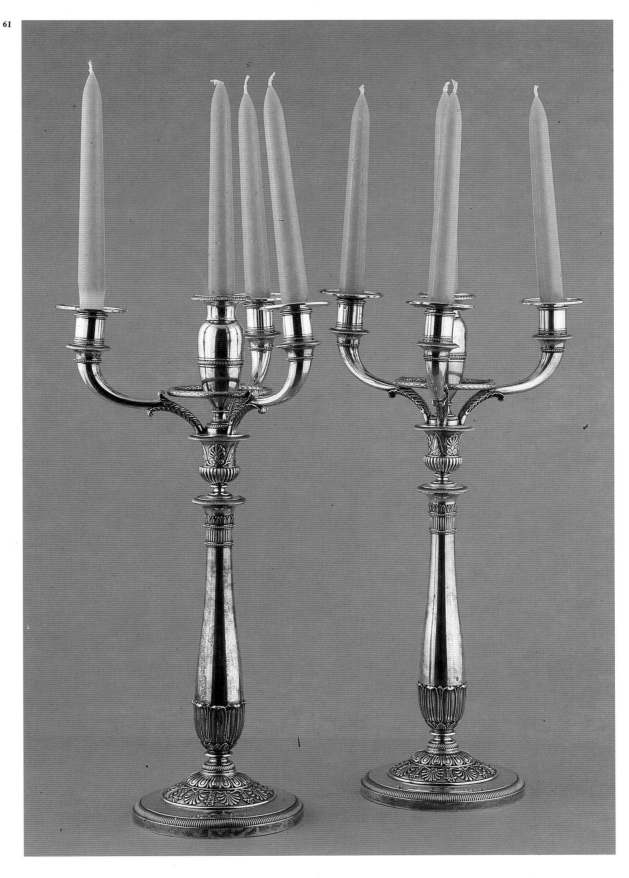

60. *Wazy i talerz, porcelana, Japonia, Arita XVIII/XIX w.*
61. *Kandelabry stołowe, M. C. Biennais. srebro, ok. 1820 r.*

60. *China vases and plate, Arita, Japan, turn of the 18th century*
61. *Table candelabrums, silver, M. C. Biennais. c. 1820*

60. *Вазы и тарелка. Фарфор, Япония, Арита, Рубеж XVIII—XIX в.*
61. *Настольные канделябры. Серебро, М. Г. Бьенне, серебро, ок. 1820*

62. Program „Parad" Jana Potockiego z 1793 r.
63. Wnętrze teatrzyku pałacowego
64. „Psyche unoszona przez Ze-
firy", replika rzeźby Johna
Gibsona, marmur, XIX/XX w.

62. Playbill to "Parades" by Jan
Potocki, 1793
63. Theatre, interior
64. "Psyche Carried by Zephyrs",
marble, replica after John
Gibson, turn of the 19th century

62. Программа „Парадов"
Яна Потоцкого, 1793 г.
63. Интерьер дворцового
театра
64. „Психея, уносимая Зефира-
ми". Реплика скульптуры
Джона Гибсона, мрамор,
рубеж XIX–XX вв.

62

63

65.

65. *Kupido z łukiem, marmur, XIX w.*
66. *Piszące putto, marmur, I poł. XIX w.*
67. *Galeria Rzeźb*

65. *Cupid with a Bow, marble, 19th century*
66. *Putto writing, marble, early 19th century*
67. *Sculpture Gallery*

65. *Купидон с луком. Мрамор, XIX в.*
66. *Пишущий путти. Мрамор, 1 пол. XIX в.*
67. *Скульптурная галерея*

66.

68. *Śpiący Bachus na tle pejzażu, majolika, Włochy, XVII w.*
68. *Bacchus Sleeping against landscape, majolica, Italy, 17th century*
68. *Спящий Бахус на фоне пейзажа. Майолика, Италия, XVII в.*

69. *Pejzaż włoski, mozaika. XVIII w.*
69. *Italian landscape, mosaic, 18th century*
69. *Итальянский пейзаж. Мозаика, XVIII в.*

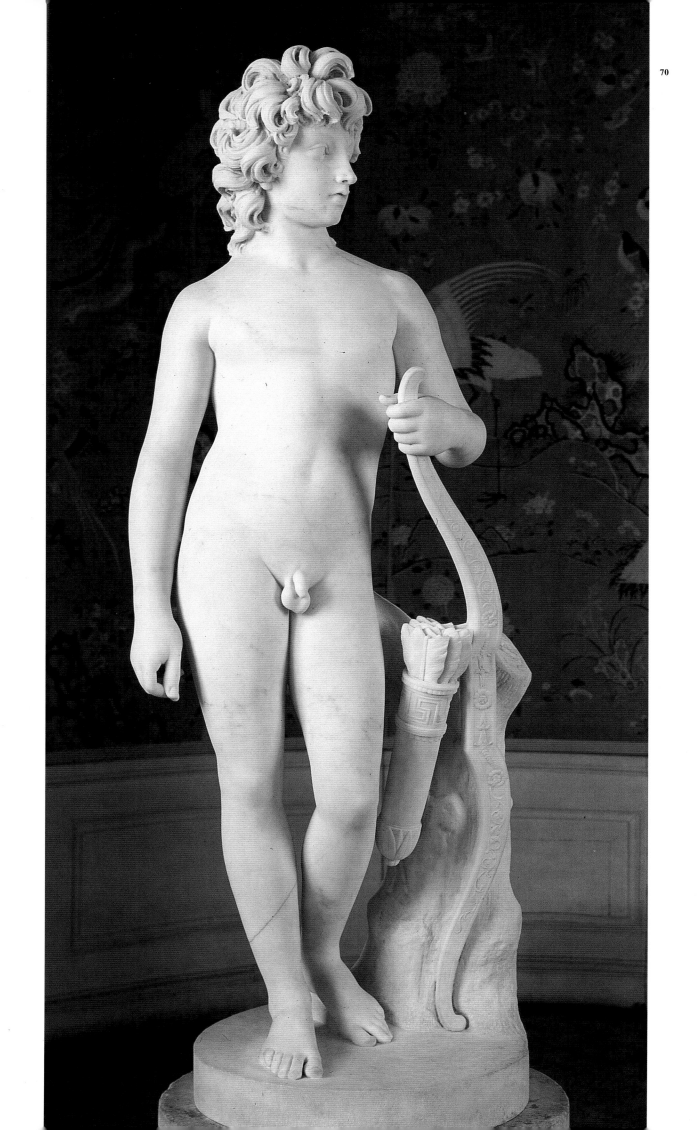

70. *A. Canova, Henryk Lubomirski jako Amor, marmur, koniec XVIII w.*
71. *Sala Kolumnowa, proj. S. B. Zug, koniec XVIII w.*

70. *Henryk Lubomirski as Cupid, marble, A. Canova, late 18th century*
71. *Column Room. Designer S. B. Zug, late 18th century*

70. *Генрик Любомирский в облике Амура. А. Канова, мрамор, конец XVIII в.*
71. *Колонный зал. Проект Б. Цуга, конец XVIII в.*

72. Zegar kominkowy ,,Bańki mydlane'', wyk. P. P. Thomire, Francja, ok. 1800 r.
73. ,,Wszystkie ptaki składają hołd cudownemu ptakowi Feng'', tkanina jedwabna, haftowana, Chiny, pocz. XVIII w.

72. Mantlepiece clock, "Soap Bubbles", P. P. Thomire, France, c. 1800
73. "All Birds Pay Homage to Wonder Bird Feng", embroidery on silk, China, early 18th century

72. Каминные часы ,,Мыльные пузыри''. Работа П. Томира, Франция, ок. 1800 г.
73. ,,Все птицы воздают почести чудесной прице Фен''. Вышивка на шелке, Китай, нач. XVIII в.

75

74. *Salon Apartamentu Chińskiego*
75. *Apartament Chiński, sypialnia*

74. *Chinese Suite, Salon*
75. *Chinese Suite, Bedroom*

74. *Салон Китайского апартамента*
75. *Китайский апартамент, спальня*

74

76. Gabinet Apartamentu Brennowskiego, dekoracja malarska Vincenzo Brenna, koniec XVIII w.
77. Sypialnia Apartamentu Brennowskiego, koniec XVIII w.

76. Brenna Suite, Study, painting decoration by Vincenzo Brenna, late 18th century
77. Brenna Suite, Bedroom, late 18th century

76. Кабинет Бренновского апартамента. Живописный декор Винченцо Бренны, конец XVIII в.
77. Спальня Бренновского апартамента, конец XVIII в.

79

78. *Jadalnia Apartamentu Tureckiego, koniec XVIII w.*
79. *Elżbieta Lubomirska, kopia obrazu Vigée-Lebrun, wykonana przez W. Ślędzińskiego*

78. *Turkish Suite, Dining Room, late 18th century*
79. *Elżbieta Lubomirska, copy by W. Ślędziński after Vigée-Lebrun*

78. *Столовая Турецкого апартамента, конец XVIII в.*
79. *Эльжбета Любомирская. Копия портрета кисти Э. Л. Виже-Лебрён, выполненная В. Слендзиньским*

80

80. Salon Apartamentu Tureckiego, koniec XVIII w.
81. Szezlong klasycystyczny w Apartamencie Tureckim, koniec XVIII w.

80. Turkish Suite, Salon, late 18th century
81. Classicistic chaise longue, Turkish Suite, late 18th century

80. Салон Турецкого апартамента, конец XVIII в.
81. Классицистический шезлонг в Турецком апартаменте. Конец XVIII в.

81

82. *Para kaczek „mandarynek", brąz, Chiny, II poł. XVIII w.*

83. *Kadzielnica w kształcie słonia, brąz, Chiny, II poł. XVIII w.*

82. *Pair of mandarin ducks, bronze, China, late 18th century*

83. *Elephant-shaped censer, bronze, China, late 18th century*

82. *Пара уток — „мандаринок". Бронза, Китай, 2 пол. XVIII в.*

83. *Кадило в виде слона. Бронза. Китай, 2 пол. XVIII в.*

82

83

84

84. Portret dostojnika tureckiego, naśladowca P. P. Sevina, ol. pł., XVIII w.
85. Portret dostojnika tureckiego, naśladowca P. P. Sevina, ol. pł., XVIII w.
86. Pokój ,,pompejański" na II piętrze, dekoracja prawdopodobnie Vincenzo Brenna, ol. pł., koniec XVIII w.

84. Portrait of a Turkish official, P. P. Sevin school, oil on canvas, 18th century
85. Portrait of a Turkish official, P. P. Sevin school, oil on canvas, 18th century
86. Pompeian Room on third floor, oil on canvas, Vincenzo Brenna (?), late 18th century

84. Портрет турецкого вельможи. Подражание П. П. Севену, масло, холст, XVIII в.
85. Портрет турецкого вельможи. Подражание П. П. Севену, масло, холст, XVIII в.
86. ,,Помпеянская" комната на III этаже. Декор, вероятно, Винченцо Бренны. Масло, холст, конец XVIII в.

85

88

89. *Malarz nieznany, ks. Elżbieta Lubomirska, ol. pł., pocz. XIX w.*
90. *J. Ch. Lampi, Julia z Lubomirskich Potocka, ol. pł., pocz. XIX w.*

89. *Artist unknown, "Princess Elżbieta Lubomirska", oil on canvas, early 19th century*
90. *L. Ch. Lampi: "Julia Potocka, née Lubomirska", oil on canvas, early 19th century*

89. *Княгиня Эльжбета Любомирская. Неизвестный художник, масло, холст, нач. XIX в.*
90. *Юлия Потоцкая, урожденная Любомирская. Дж. Б. Лампи, масло, холст, нач. XIX в.*

91. *Herb Pilawa*
92. *J. Ch. Lampi, Jan Potocki, ol. pł., koniec. XVIII w.*

91. *Coat of arms Pilawa*
92. *J. Ch. Lampi: "Jan Potocki", oil on canvas, late 18th century*

91. *Герб Пилава*
92. *Ян Потоцкий. Дж. Б. Лампи, масло, холст, конец XVIII в.*

93. *Alfred I Potocki, I ordynat łańcucki, kopia obrazu J. B. Guerin'a, ol. pł., I poł. XIX w.*

94. *F. X. Winterhalter (?), Alfred II Potocki, ol. pł., ok. poł. XIX w.*

93. *Alfred I Potocki, the first heir in tail of Łańcut, oil on canvas, copy after J. B. Guerin, early 19th century*

94. *F. X. Winterhalter (?): "Alfred II Potocki", oil on canvas, mid-19th century*

93. *Альфред I Потоцкий, первый владелец ланьцутского майората. Копия портрета кисти Ж. Б. Герена, масло, холст, 1 пол. XIX в.*

94. *Альфред II Потоцкий, Ф. К. Винтерхальтер (?), масло, холст, сер. XIX в.*

95. *F. X. Winterhalter (?), Maria z Sanguszków Potocka, żona Alfreda II, ol. pł., ok. poł. XIX w.*
95. *F. X. Winterhalter (?): "Maria Potocka, née Sanguszko, wife of Alfred II", oil on canvas, mid-19th century*
95. *Мария Потоцкая, урожденная Сангушко, супруга Альфреда II., Ф. К. Винтерхальтер (?), масло, холст, сер. XIX в*

96. *L. Horowitz, Alfred II Potocki, ol. pł., II poł. XIX w.*
97. *Salon Wejściowy*

96. *L. Horowitz, "Alfred II Potocki", oil on canvas, late 19th century*
97. *Entrance Salon*

96. *Альфред II Потоцкий. Л. Горовиц, масло, холст, 2 пол. XIX в.*
97. *Входной салон*

98. *Piec w Salonie Wejściowym*
99. *Patera i wazon, fajans, Delft, XVII/XVIII w.*

98. *Stove, Entrance Salon*
99. *Epergne and vase, faience, Delft, turn of the 17th century*

98. *Печь во Входном салоне*
99. *Поднос и ваза. Фаянс, Делфт, рубеж XVII–XVIII вв.*

100. *Drzwi do Apartamentu Paradnego, pocz. XIX w.*
101. *Dekoracja drzwi według projektu F. Smuglewicza, pocz. XIX w.*

100. *Door to State Suite, early 19th century*
101. *Decorated door, F. Smuglewicz, early 19th century*

100. *Дверь в Парадный апартамент. Нач. XIX в.*
101. *Декор двери по проекту Ф. М. Смуглевича, нач. XIX в.*

103

104

105. *Salon Zielony w Apartamencie Męskim, koniec XIX w.*
106. *Kandelabr secesyjny, brąz złocony, ok. 1900 r.*
107. *Dzbanek, mlecznik, cukiernica, szczypce, srebro, XIX w.*
108. *Dzbanek do kawy, srebro, kość słoniowa, II poł. XIX w.*

105. *Men's Suite, Green Salon, late 19th century*
106. *Art-nouveau candelabrum, gilt bronze, c. 1900*
107. *Jug, milk pitcher, sugar bowl, tongs, silver, 19th century*
108. *Coffee jug; silver, ivory, late 19th century*

105. *Зеленый салон в Мужском апартаменте, конец XIX в.*
106. *Канделябр в стиле сецессион. Позолоченная бронза, ок. 1900 г.*
107. *Кувшинчик, молочник, сахарница, щипчики. Серебро, XIX в.*
108. *Кофейник. Серебро, слоновая кость. 2 пол. XIX в.*

106

107

108

109. Elżbieta z Radziwiłłów Potocka, pastel, ok. 1900 r.
110. Roman Potocki, pastel, ok. 1900 r.
111. Sypialnia Apartamentu Męskiego, pocz. XX w.

109. Elżbieta Potocka, née Radziwiłł, pastel, c. 1900
110. Roman Potocki, pastel, c. 1900
111. Men'Suite, Bedroom, early 20th century

109. Эльжбета Потоцкая, урожденная Радзивилл. Пастель, ок. 1900 г.
110. Роман Потоцкий. Пастель, ок. 1900 г.
111. Спальня Мужского апартамента, нач. XX в.

109

110

112. *Madonna z Dzieciątkiem, XVIII-wieczne naśladownictwo G. F. Romanellego z XVI w.*
113. *Fragment Sypialni Męskiej*

112. *Madonna and Child, copy after 16th-century painting by G. F. Romanelli, 18th century*
113. *Men's Bedroom*

112. *Мадонна с младенцем. XVIII в., подражание художнику XVI в. Дж .Ф. Романелли*
113. *Фрагмент Мужской спальни*

114

115

117

118

117. C. J. Vernet, Port w świetle księżyca, ol. pł.,
II poł. XVIII w.
118. Waza alabastrowa, XVIII/XIX w.
119. S. A. Mirys, Ignacy Centner, ol. pł., XVIII w.

117. C. J. Vernet: "Harbour in Moonlight". Oil on
canvas, late 18th century
118. Vase, alabaster, turn of the 18th century
119. S. A. Mirys: "Ignacy Centner". Oil on canvas,
18th century

117. Порт в лунном свете. К. Ж. Верне, масло,
холст, 2 пол. XVIII в.
118. Алебастровая ваза рубежа XVIII—XIX вв.
119. Игнаций Центнер. С. А. Мирис, масло,
холст, XVIII в.

120. *Zegar-kartel oraz ceramika z czerwonej kamionki J. F. Böttgera, Miśnia, 1710–1719*

120. *Cartel-clock and red stoneware, J. F. Bottger, Meissen, 1710–1719*

120. *Часы и керамика из красной глины — И. Ф. Вётгера, Мейсен, 1710—1719*

121

121. *A. Kauffman, Maria ks. Wirtemberska, ol. pł., II poł. XVIII w.*
121. *A. Kauffman: "Maria Duchess of Wurtemberg". Oil on canvas, late 18th century*
121. *Мария, герцогиня Вюртембергская. А. Кауфман, масло, холст, 2 пол. XVIII в.*

123

124

125. *Pokój werandowy, pocz. XX w.*
126. *Korytarz Czerwony*

125. *Porch Room, early 20th century*
126. *Red Coridor*

125. *Комната у веранды, нач. XX в.*
126. *Красный коридор*

BERNARDUS POTOCKI
sub VLADISLAO III. Exercituũ Regni
Poloniæ Dux, in anno 1433.
Primus in Pokutia Sedem finxit,

STEPHANVS.

127. *Bernard Potocki, portret sarmacki, ol. pł., XVII w.*
128. *Waza fajansowa, manufaktura nieborowska, II poł. XIX w.*
129. *Sekretera intarsjowana, wyrób polski, poł. XVIII w.*
130. *Zegar kurantowy, Anglia, koniec XIX w.*

127. *Bernard Potocki. Oil on canvas, 17th century*
128. *Faience vase, Nieborów, late 19th century*
129. *Inlaid chest of drawers, Poland, mid-18th century*
130. *Chiming clock, England, late 19th century*

127. *Бернард Потоцкий. Сарматский портрет, масло, холст, XVII в.*
128. *Фаянсовая ваза. Мануфактура в Неборове, 2 пол. XIX в.*
129. *Секретер с интарсией. Польское изделие сер. XVIII в.*
130. *Часы с курантами. Англия, конец XIX в.*

128

129

130

131. *Nieznany malarz, Antoni Radziwiłł, ol. pł., pocz. XIX w.*

131. *Artist unknown: "Antoni Radziwiłł". Oil on canvas, early 19th century*

131. *Антоний Радзивилл. Неизвестный художник, масло, холст, нач. XIX в.*

132. *Sofonisba Anquisciola, Autoportret, ol. pł., poł. XVI w.*

132. *Sofonisba Anquisciola: "Selfportrait". Oil on canvas, mid-16th century*

132. *Sofonisba Anquisciola. Автопортрет, масло, холст, сер. XVI в.*

133–134. *Portrety dzieci, nieznani malarze polscy, ol. pł., poł. XVIII w.*

135. *Antonio Allegri zw. Coreggio, kopia Francesco Mazzoli, zw. Parmegianino, Merkury, Psyche i Amor, ol. pł., XVI w.*

133–134. *Portaits of children, unknown Polish artists. Oil on canvas, mid–18th century*

135. *Antonio Allegri Coreggio: "Mercury, Psyche and Cupid". After Francesco Mazzoli Parmegianino, oil on canvas, 16th century*

133–134. *Портреты детей. Неизвестные польские художники, масло, холст, сер. XVIII в.*

135. *Меркурий, Психея и Амур. Антонио Аллегри (Корреджо), копия Франческо Маццола (Парми-джанино), масло, холст, XVI в.*

136. *Sejmik szlachecki z czasów Stanisława Augusta Poniatowskiego, ol. pł., II poł. XVIII w.*
137. *Wnętrze biblioteki zamkowej, XIX/XX w.*

136. *Local Gentry rally in times of King Stanisław August Poniatowski. Oil on canvas, late 18th century*
137. *Library, turn of the 19th century*

136. *Шляхетский сеймик времен Станислава Августа Понятовского. Масло, холст, 2 пол. XVIII в.*
137. *Интерьер дворцовой библиотеки, рубеж XIX–XX вв.*

136

138

139

138. *Biblioteka, biurko ks. Józefa Poniatowskiego, pocz. XIX w.*
139. *Biblioteka zamkowa, wnętrze z XIX/XX w.*

138. *Library, writing desk of Prince Józef Poniatowski, early 19th century*
139. *Library, interior, turn of the 19th century*

138. *Библиотека. Письменный стол князя Юзефа Понятовского, нач. XIX в.*
139. *Дворцовая библиотека, интерьер рубежа XIX–XX вв.*

140. *Biblioteka, kominek*
141. *Biblioteka, fotel z pulpitem, Anglia,*
    ok. 1900 r.

140. *Library, fireplace*
141. *Library, arm chair-desk, England.*
    c. 1900

140. *Библиотека, камин.*
141. *Библиотека, кресло с пюпитром.*
    Англия, ок. 1900 г.

140

141

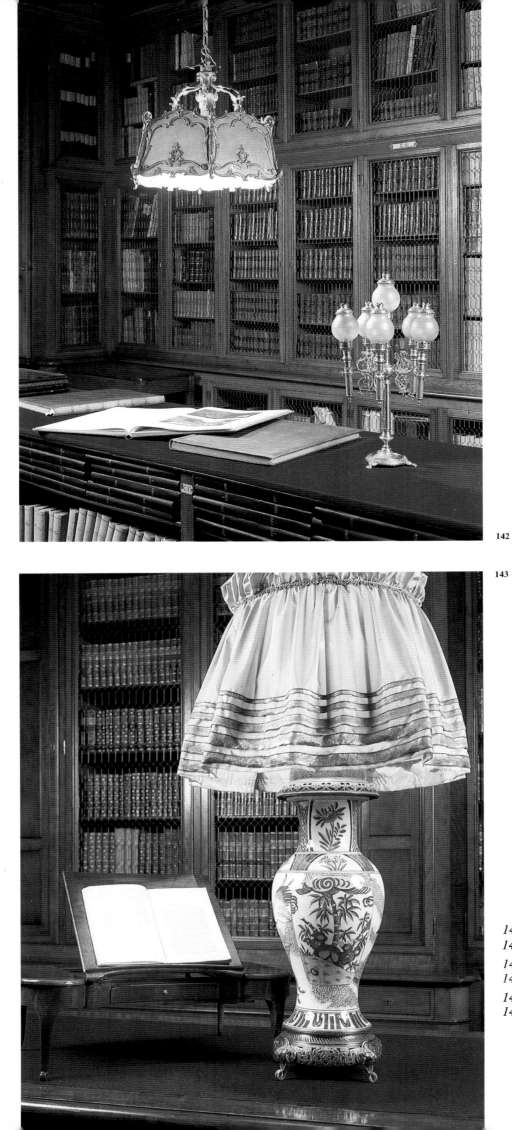

142

143

142. Biblioteka, część ze zbiorami czasopism
143. Biblioteka fragment wnętrza

142. Library, collection of periodicals
143. Library, interior

142. Библиотека, журнальная часть
143. Библиотека, фрагмент интерьера

144. *Biblioteka, szezlong z pulpitem XIX/XX w.*

145. *Biblioteka, fragment księgozbioru*

144. *Library, chaise-longue with book hold, turn of the 19th century*

145. *Library, collection of books*

144. *Библиотека, шезлонг с пюпитром, рубеж XIX–XX вв.*

145. *Библиотека, фрагмент книжного собрания*

144

145

146. *Gabinet ordynata, kominek z obudową, pocz. XX w.*
147. *Alfred III Potocki. ostatni ordynat łańcucki, fotografia, 1927 r.*

146. *Heir in Tail's Study, fireplace with mantelpiece, early 20th century*
147. *Alfred III Potocki, the last heir in tail of Łańcut, photograph, 1927*

146. *Кабинет владельца майората, камин, нач. XX в.*
147. *Альфред III Потоцкий, последний владелец ланьцутского майората. Фотография, 1927 г.*

150. *Kaplica zamkowa, ołtarz z 1885 r.*
151. *Salon Apartamentu Gościnnego na II piętrze, XIX/XX w.*

150. *Chapel, altar, 1885*
151. *Salon in Guest Suite third floor, turn of the 19th century*

150. *Дворцовая часовня, алтарь 1885 г.*
151. *Салон гостевого апартамента на III этаже, рубеж XIX–XX вв.*

152

153

155. *Salon rokokowy na II piętrze*
155. *Rococo Room, third floor*
155. *Салон в стиле рококо на III этаже*

156. *Pokój „kawalerski" na II piętrze*

156. *Bachelor's Room, third floor*

156. *„Холостяцкая" комната на III этаже*

157. *Toaletka, pocz. XX w., srebro złocone*

157. *Toilet table, early 20th century*

157. *Туалет, нач. XX в.*

158

159

160. *J. Kossak (1824–1899), Tadeusz Kościuszko, akwarela*
160. *Juliusz Kossak (1824–1899): "Tadeusz Kościuszko". Watercolour*
160. *Тадеуш Костюшко. Ю. Коссак (1824—1899), акварель*

161. *J. Kossak (1824–1899), ks. Józef Poniatowski, akwarela*
161. *Juliusz Kossak (1824–1899): "Prince Józef Poniatowski". Watercolour*
161. *Князь Юзеф Понятовский. Ю. Коссак (1824-1899), акварель*

162. *Naczynia kuchenne ze zbiorów Potockich, miedź*
163. *Serwis, porcelana, Stary Wiedeń, pocz. XIX w.*
164. *Czajnik i dwa dzbanki, miedź kuchenna*

162. *Kitchen copper utensils, the Potocki family collection*
163. *Table set, china, Old Vienna, early 19th century*
164. *Kettle and two jugs, copper*

162. *Кухонная посуда из собрания Потоцких, медь*
163. *Сервис, фарфор ,,Старая Вена'', нач. XIX в.*
164. *Чайник и два кувшина — кухонная медная посуда*

163

164

165.

166.

Ein Arabisches Pferd.

167. *Koń arabski, grafika barwna, XVIII w.*
167. *Arabian horse, coloured engraving, 18th century*
167. *Лошадь арабской породы. Цветная графика, XVIII в.*

168

168. Powozownia, wnętrze hali zaprzęgowej, 1902 r.
168. Coach House, harness hall, 1902
168. Каретник, интерьер упряжного помещения, 1902 г.

169. *Kariolka, powóz polski. pocz. XIX w.*

169. *Curricle, Poland, early 19th century*

169. *,,Кариолька", польская повозка, нач. XIX в.*

170. *Pojazd spacerowy zw. Kongresem Wiedeńskim. I poł. XIX w.*

170. *Excursion carriage called Vienna Congress, early 19th century*

170. *Экипаж для прогулок, называемый Венским конгрессом, 1 пол. XIX в.*

171. *Kareta reprezentacyjna żółta. I poł. XIX w.*
171. *Yellow gala carriage, early 19th century*
171. *Желтая парадная карета, 1 пол. XIX в.*

172

173

172. *Powóz paradny, Calèche á la d'Aumont, Paryż, II poł. XIX w.*
173. *Koło karety*
174. *Wolant demie-d'Aumont, firmy Marius, Wiedeń, koniec XIX w.*
175. *Latarnia wolanta*

172. *Gala carriage, Calèche á la d'Aumont, Paris, late 19th century*
173. *Carriage wheel*
174. *Demie-d'Aumont cabriolet, Marius, Vienna, late 19th century*
175. *Cabriolet lantern*

172. *Парадная коляска а-ля д'Омон, Париж, 2 пол. XIX в.*
173. *Колесо кареты*
174. *Легкий открытый экипаж деми-д'Омон фирмы Мариус, Вена, конец XIX в.*
175. *фонарь легкого открытого экипажа*

176. *Brek sportowy, firma Labaudette, Paryż, II poł. XIX w.*

176. *Sports wagonette, Labaudette, Paris, late 19th century*

176. *Спортивная линейка фирмы Лабодетт, Париж, 2 пол. XIX в.*

177. *Powóz spacerowy, wiejski, pocz. XX w.*
177. *Rural excursion carriage, early 20th century*
177. *Сельская прогулочная повозка, нач. XX в.*

178. *Kabriolet, firma Rothschild, Paryż, II poł. XIX w.*

179. *Duc, firmy Nesseldorf, Wiedeń, ok. 1900 r.*

178. *Cabiolet, Rothschild, Paris, late 19th century*

179. *Duc, ladies' leisure coach, Nesseldorf, Vienna, c. 1900*

178. *Кабриолет фирмы Ротшильд, Париж, 2 пол. XIX в.*

179. *,,Дюк" фирмы Нессельдорф, Вена, ок. 1900 г.*

178

179

180

181

Rückfahrt aus dem Prater

180–181. *Zaprzęgi na ulicach Wiednia, kolorowe litografie, poł. XIX w.*
180–181. *Equipages in Vienna streets, colour lithographs, mid-19th century*
180–181. *Упряжки на улицах Вены, цветные литографии сер. XIX в.*

182

182. Zbiór ikon w skrzydle Stajni Cugowych
183. Fragment ekspozycji ikon

182. Collection of icons, Wing of Teamhorse Stable
183. Display of icons

182. Собрание икон во флигеле Цуговых конюшен
183. Фрагмент экспозиции икон

ОбразъНерукотьоренаийгайвайнсьсанаиеıухъ

184

184. *Mandylion, ikona, Owczary, XV w.*
185. *Chrystus Spas, ikona, Bartne, 1652 r.*

184. *Mandilion, Owczary, 15th century*
185. *Spass Christ, Bartne, 1652*

184. *Голова Христа, икона, Овчары, XV в.*
185. *Спас, икона, Бартне, 1652 г.*

185

186. *Zaśnięcie NMP, ikona, Pielgrzymka, XVII w.*

186. *Dormition of the Virgin Mary, Pilgrimage, 17th century*

186. *Успение Пресвятой Девы Марии, икона, паломничество, XVII в.*

187. *Zwiedzanie*
187. *Sightseeing tours*
187. *Осмотр музея.*

188. *Ogród włoski i fasada wschodnia zamku*
189. *Bachus na panterze, rzeźba, marmur, XIX w.*
190. *Ogród włoski, widok z zamku*

188. *Italian garden and eastern façade of the Castle*
189. *Bacchus Riding a Panther, marble, 19th century*
190. *Italian garden, view from the Castle*

188. *Итальянский сад и восточный фасад дворца*
189. *Бахус на пантере, скульптура, мрамор, XIX в.*
190. *Итальянский сад — вид из дворца*

189

190

191

191. *Dekoracyjna żardyniera kwiatowa z motvwem gryfów*
191. *Ornamental jordiniere with griffins*
191. *Жардиньерка, в декоре мотив грифов*

192. *Glorietta*
192. *Glorietta*
192. *Беседка*

193

194

195

196

197

199–201. Parkowe zacisza
199–201. Retreats in the Park
199–201. Укромные уголки парка

202. *Buk płaczący*
202. *Weeping beech tree*
202. *Плакучий бук*

203. *Figura św. Jana Nepomucena*
203. *A figurine of St. John of Nepomuk*
203. *Фигура св. Яна Непомуцена*

204

204. *Zameczek Romantyczny, proj. P.Ch. Aigner, pocz. XIX w.*
205. *Winobluszcz na fasadzie zamku*

204. *Romantic Castle, P. Ch. Aigner, early 19th century*
205. *Honeysuckle on the Castle façade*

204. *Романтический замок, проект X.П. Айгнера, нач. XIX в.*
205. *Дикий виноград на фасаде дворца*

206. *Festiwal-Łańcut 87, Bogusław Kaczyński*
207. *Eestiwal-Łańcut 86, Juliette Greco, Francja*

206. *Bogusław Kaczyński, Łańcut '87 Music Festival*
207. *Juliette Greco, France, Łańcut '86 Music Festival*

206. *Фестиваль ,,Ланьцут-87'', Богуслав Качиньский*
207. *Фестиваль ,,Ланьцут-86'', Жюльетта Греко, Франция*

208. *Festiwal-Łańcut 87, Stefan Milenković, Jugosławia*
209. *Grupa turystów zwiedzająca zamek*

208. *Stefan Milenković, Yugoslavia, Łańcut '87 Music Festival*
209. *Tourists sightseeing the Castle*

208. *Фестиваль ,,Ланьцут-87'', Стево Миленкович, Югославия*
209. *Группа туристов осматривает дворец*

210. *Muzeum-Zamek, widok z samolotu*

210. *Bird's-eye view of the Castle-Museum*

210. *Дворец-музей, вид с самолета*